HISTOIRE
DE L'ABBAYE
DE FÉCAMP
ET DE SES ABBÉS

PAR

M. GOURDON DE GENOUILLAC

OFFICIER D'ACADÉMIE
CHEVALIER DES ORDRES DU CHRIST, DES SS. MAURICE ET LAZARE, ETC.
CORRESPONDANT DE LA SOCIÉTÉ DES ANTIQUAIRES DE NORMANDIE

NOUVELLE ÉDITION, AVEC PLANCHES

FÉCAMP
A. MARINIER, ÉDITEUR
LIBRAIRIE ANCIENNE ET MODERNE
RUE DES BAINS, 20

1875

HISTOIRE

DE

L'ABBAYE DE FÉCAMP

ET DE SES ABBÉS

HISTOIRE
DE L'ABBAYE
DE FÉCAMP
ET DE SES ABBÉS

PAR

H. GOURDON DE GENOUILLAC

OFFICIER D'ACADÉMIE

CHEVALIER DES ORDRES DU CHRIST, DES SS. MAURICE ET LAZARE, ETC.
CORRESPONDANT DE LA SOCIÉTÉ DES ANTIQUAIRES DE NORMANDIE

NOUVELLE ÉDITION, AVEC PLANCHES

FÉCAMP
A. MARINIER, ÉDITEUR
LIBRAIRIE ANCIENNE ET MODERNE
RUE DES BAINS, 20

1875

OUVRAGES DU MÊME AUTEUR

LES ORDRES RELIGIEUX depuis les premiers temps du Christianisme jusqu'à nos jours. Histoire. — Constitutions — Costumes.

DICTIONNAIRE HISTORIQUE des Ordres de Chevalerie créés chez les différents peuples depuis les premiers siècles jusqu'à nos jours.

SUPPLÉMENT au Dictionnaire des Ordres de Chevalerie. Décorations nouvelles et modifications apportées aux anciennes depuis 1860.

LES BOISERIES SCULPTÉES du Chœur de Notre-Dame.

GRAMMAIRE HÉRALDIQUE suivie de l'art de composer les livrées.

RECUEIL D'ARMOIRIES des Maisons nobles de France contenant la description de 12.000 blasons.

DICTIONNAIRE des Fiefs, Seigneuries et Châtellenies de l'ancienne France, contenant la nomenclature de 18.000 terres nobles et titrées.

LES MYSTÈRES de la Noblesse et du Blason. Curiosités, bizarreries et singularités.

DICTIONNAIRE des Anoblissements depuis 1270 jusqu'en 1789.

ARMORIAL DÉPARTEMENTAL de la France, (en société avec M. le marquis de Piolenc).
etc., etc., etc.

Fécamp. — Imp. de L. Durand, passage Sautreuil.

*La première édition de l'*Histoire de l'Abbaye de Fécamp et de ses Abbés, *par M. H. Gourdon de Genouillac, est aujourd'hui complétement épuisée.*

La faveur qu'elle a rencontrée dans le public nous permet d'espérer qu'une deuxième édition de ce livre sera également bien reçue.

Afin de lui donner plus d'attrait et de faciliter l'explication scientifique des blasons des abbés, donnée par le savant auteur, nous avons fait reproduire ces blasons par la photographie.

A côté de ceux des abbés figurent les deux blasons spéciaux de l'abbaye.

(Note de l'Editeur).

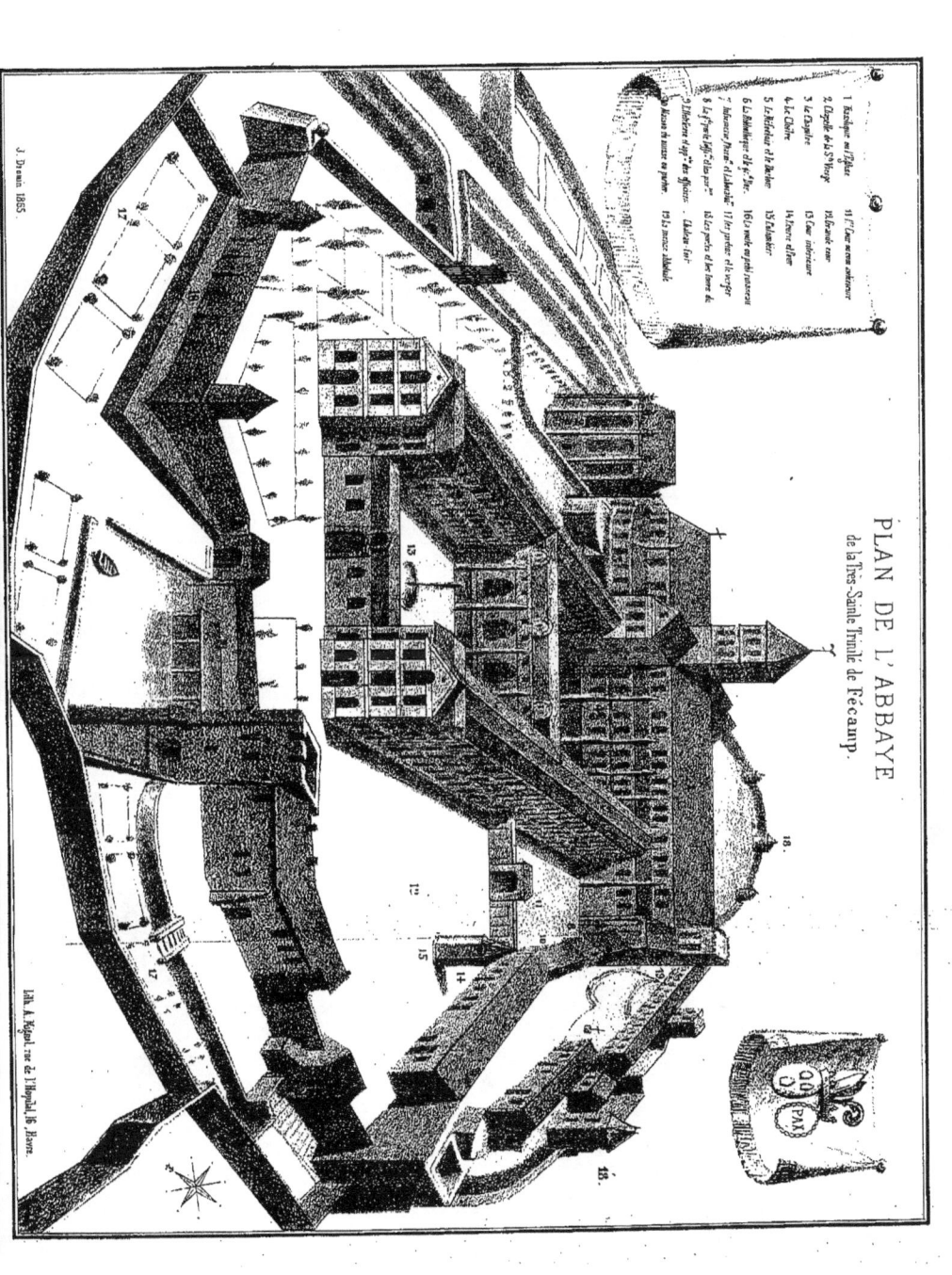

À

M. Alexandre Legrand

Chevalier de la Légion d'honneur.
Officier de l'ordre du Nichan-Iftikhar.
Chevalier de l'ordre du Christ.

Témoignage de sincère affection.

H. Gourdon de Genouillac.

INTRODUCTION

Lorsque le plan de mon livre : *Les ordres religieux depuis les premiers temps du Christianisme jusqu'à nos jours,* fut arrêté dans mon esprit, je dus m'occuper de rassembler les matériaux qui étaient nécessaires à la composition de l'ouvrage, et lorsque j'en arrivai à ceux relatifs à l'ordre des Bénédictins, je dus, à mon grand regret, me borner à butiner çà et là, ne pouvant accorder qu'un nombre de pages très-restreint à chacun de ces ordres dont l'histoire générale eût demandé des volumes et encore des volumes !

Mais tout en laissant de côté ce qui ne pouvait me servir pour le moment, je jetai un coup d'œil sur l'ensemble et je fus très-intéressé par la place importante qu'occupent dans les annales de l'ordre de Saint-Benoît, ces grandes abbayes dont le nom éveille encore aujourd'hui tout un monde de souvenirs historiques.

Et ce ne fut pas seulement l'abbaye du Mont-Cassin, ou celles de Cluny ou de Solesmes qui appelèrent mon attention ; combien d'autres m'offrirent de curieux détails de mœurs monastiques.

L'abbaye de Fécamp est une de celles-là ; son ancienneté, les événements auxquels ses abbés se trouvèrent mêlés, tout semble la recommander aux investigations de ceux qui aiment à s'instruire aux leçons du passé.

Je fus frappé du haut rang des personnages qui ont porté ce titre d'abbé de Fécamp et qui s'appellent Pierre Rogier, pape sous le nom de Clément VI, le cardinal Balue, le cardinal de Lorraine, le cardinal de Joyeuse, Henri de Bourbon, Jean-Casimir, roi de Pologne, le prince de Neubourg, etc.

Et je me promis bien de consacrer plus tard un travail spécial à cette célèbre abbaye, l'une des plus anciennes de la vieille province normande, si féconde en établissements monastiques.

Déjà le savant M. Leroux de Lincy a publié, il y a une trentaine d'années, un *Essai historique et littéraire sur l'abbaye de Fécamp*, puis M. Léon Fallue fit paraître, à peu près vers la même époque, son *Histoire de la ville et de l'abbaye de Fécamp*, et ces deux excellents ouvrages, les meilleurs qui ont été écrits sur ce sujet, furent suivis de quelques petits résumés, au nombre desquels il faut citer les *Recherches historiques sur Fécamp,* par Mme E. de Busserolle.

Néanmoins, et malgré le mérite de ces divers ouvrages, j'ai pensé qu'une *Histoire de l'abbaye de Fécamp et de ses abbés,* conçue sur un plan nouveau, pouvait être offerte au public.

Jusqu'alors, les écrivains qui m'ont devancé, ont essentiellement tenu à localiser leur sujet; j'ai voulu, au contraire, étendre le mien en le rattachant — comme il doit l'être d'ailleurs — à l'histoire générale de l'ordre de Saint-Benoît.

Un séjour prolongé à Fécamp m'a permis de parcourir les lieux occupés avant la Révolution par les Moines, d'étudier sur place l'importance que pouvaient avoir autrefois les possessions abbatiales, de me rendre un compte exact de ce qui a survécu à la sanglante tempête de 1789 ; et enfin, de puiser chez un des notables habitants de la ville, M. Legrand aîné, directeur de la distillerie de la Bénédictine, et collectionneur zélé de tout ce qui a appartenu depuis des siècles aux Moines bénédictins, aux sources d'un véritable Musée patiemment composé par lui de tout ce qui peut jeter quelque lumière nouvelle sur l'histoire de l'ordre de Saint-

Benoît : objets mobiliers, tableaux, titres, parchemins, correspondance des Moines, etc.

Il m'a donc suffi de me renseigner auprès de tous ces témoins muets du passé, de feuilleter les collections de la Bibliothèque nationale, d'interroger les archives et les dépôts de manuscrits pour reconstituer l'histoire de ces puissants abbés de Fécamp qui, exempts de la juridiction épiscopale, ne relevaient que des ducs de Normandie, auxquels se substituèrent plus tard les rois de France et de la Cour de Rome.

Le bon accueil que le public a bien voulu faire, jusqu'à présent, à mes livres, me fait espérer que celui-ci sera reçu avec la même indulgence.

Il ne m'appartient pas d'en faire l'éloge, mais je puis dire qu'il m'a coûté de longues heures de laborieuses et pénibles recherches.

J'avais toujours présent à la pensée, en travaillant à ce volume, les magnifiques travaux des Bénédictins de Saint-Maur, et j'ai tâché de m'inspirer de leur exemple, sinon pour acquérir leur savoir, du moins pour égaler la conscience qu'ils apportaient dans leur besogne de chercheurs.

C'est à ce titre seul que mon livre se recommande au lecteur bienveillant.

ARMORIAL DES ABBÉS DE FÉCAMP

GUILLAUME DE DIJON, *de gueules, au lion d'or, lampassé et armé de sable.*

JEAN D'ALLIX, *de gueules, à la bande ondée d'argent accompagnée de six merlettes de même, en orle.*

GUILLAUME DE ROS, *de gueules, à la croix, les trois premières branches fleurdelisées, la quatrième pommetée d'or, accompagnée de quatre trèfles d'argent.*

ROGER D'ARGENCES, *de gueules, à la fleur de lis d'argent.*

HENRI DE SULLY, *d'azur, semé de molettes d'éperon d'or, au lion de même sur le tout.*

RAOUL D'ARGENCES, *de gueules, à la fleur de lis d'argent.*

RICHARD D'ARGENCES, *de gueules, à la fleur de lis d'argent.*

RICHARD DE PALUEL, *d'or, au chevron de gueules, accompagné de trois aubisoings d'azur, la queue de sinople, posés 2, 1.*

GUILLAUME DE VASPAIL, *d'azur, à trois bandes d'or.*

RICHARD DE TRÉGOS, *burelé d'argent et d'azur, à trois chapeaux de gueules, chacun cordonné de trois roses de même.*

GUILLAUME DE PUTOT, *d'or, à un croissant d'azur, vêtu de même.*

THOMAS DE SAINT-BENOIT, *de gueules, à la bande échiquetée d'or et de pourpre, de trois traits, accompagnée de deux lions d'argent.*

ROBERT DE PUTOT, *d'or, à un croissant d'azur, vêtu de même.*

ROGER DE ROZIERS, *d'argent, à la bande d'azur, accompagnée de six roses de gueules, 3, 3.*

PHILIPPE DE BOURGOGNE, *bandé d'or et d'azur de six pièces, à la bordure de gueules.*

ROBERT DE BRESCHY, *de sinople, à trois jumelles d'argent, à la bordure engrêlée de gueules.*

GUILLAUME DU BOURGET, *d'azur, au chevron d'or, accompagné de trois molettes d'argent, 2, 1.*

GUILLAUME CHOUQUET, *fascé d'argent et d'azur, au lion d'argent brochant sur le tout.*

NICOLAS DE NANTEUIL, *de gueules, à six fleurs de lis d'or, 3, 2, 1.*

JEAN DE LA GRANGE, *de gueules, à trois merlettes d'argent, au franc quartier d'hermines.*

PHILIPPE DU FOSSÉ, *un filet de gueules, cantonné aux 1er et 4 d'azur au château d'argent, aux 2 et 3 d'hermines plain.*

CERVAISE DE RIVILLE, *de sable, à trois macles d'or.*

ESTOD D'ESTOUTEVILLE, *burelé d'argent et de gueules; au lion de sable, armé, lampassé, couronné d'or brochant sur le tout.*

GILLES DE DUREMONT, *d'or, à trois fasces ondées de gueules.*

JEAN DE LA HAULLE DE GRÉMONVILLE, *de sable, à trois fleurs de lis d'or, 2, 1.*

JEAN BALUE, *d'argent, au chevron de sable, accompagné de trois têtes de lion de gueules, 2, 1.*

DE MENDOZA DE GONZALÈS, *de gueules, à cinq pannelles d'argent posées en sautoir.*

JEAN BALUE, (Voir ci-dessus.)

A. DE LA HAYE DE PASSAVANT, *d'or, à deux fasces de gueules, à l'orle de neuf merlettes de même.*

ANTOINE LE ROUX, *de sable, à la fasce d'argent, chargée de trois croix de sable et accompagnée de trois molettes d'éperon d'or, 2, 1.*

ANTOINE BOHIER, *d'or, au lion d'azur, au chef de gueules.*

ADRIEN GOUFFIER, *d'or, à trois jumelles de sable.*

JEAN DE LORRAINE, *parti de trois traits, coupé d'un; au 1er fascé d'argent et de gueules de huit pièces, qui est de Hongrie; au 2e d'azur, semé de fleur de lis d'or, au lambel de gueules à 4 pendants, qui est d'Anjou-Sicile; au 3e d'argent, à la croix potencée d'or, cantonnée de quatre croisettes de même,* qui est de Jérusalem; *au 4ᵉ d'or, à quatre vergettes de gueules*, qui est d'Aragon; *au 5ᵉ d'azur, semé de fleurs de lis d'or à la bordure de gueules*, qui est d'Anjou; *au 6ᵉ d'azur, au lion contourné d'or, couronné de gueules*, qui est de Gueldre; *au 7ᵉ d'or, au lion de sable, lampassé et armé de gueules*, qui est de Flandre; *au 8ᵉ d'azur, semé de croisettes tréflées d'or, à deux bars adossés du même*, qui est de Bar; *sur le tout, d'or, à la bande de gueules, chargée de trois alérions d'argent*, qui est de Lorraine.

CHARLES DE LORRAINE, mêmes armes, plus, *sur le tout du tout, un lambel de trois pendants de gueules.*

LOUIS DE LORRAINE, mêmes armes.

LOUIS DE LORRAINE, mêmes armes.

AYMARD DE CHASTRES, *de gueules, à la croix ancrée de vair, au chef de gueules, chargé de la croix d'argent*, qui est de Saint-Jean de Jérusalem.

FRANÇOIS DE JOYEUSE, *écartelé, aux 1 et 4, palé d'or et d'azur de six pièces; au chef de gueules, chargé de trois hydres d'or*, qui est de Joyeuse; *aux 2 et 3 d'azur, au lion d'argent, à la bordure de gueules, chargée de huit fleurs de lis d'or*, qui est de Saint-Didier.

HENRI DE LORRAINE, mêmes armes que ci-dessus.

HENRI DE BOURBON, *d'azur, à trois fleurs de lis d'or; au bâton d'or en cœur, chargé d'une fleur de lis d'argent.*

JEAN-CASIMIR DE POLOGNE, *écartelé, aux 1 et 4 de gueules, à l'aigle d'argent, couronnée, membrée et becquée d'or*, qui est de Pologne; *aux 2 et 3 de gueules, à un cavalier armé d'argent, tenant une épée nue en sa main dextre, et dans l'autre, un écusson d'azur, à une double croix d'or, le cheval bridé d'argent, houssé d'azur et cloué d'or*, qui est de Lithuanie.

LOUIS-ANTOINE DU NEUBOURG, *d'or, au chevron de gueules, accompagné de trois merlettes d'azur.*

DE NEUVILLE DE VILLEROY, *d'azur, au chevron d'or, accompagné de trois croix ancrées de même.*

DE MONTBOISSIER DE CANILLAC, *écartelé; au 1er d'argent, à la bande d'azur, accompagné de six roses de gueules 3, 3*, qui est de Rogier de Beaufort; *aux 2 et 3 d'azur, crénelé d'or, à la levrette rampante d'argent, onglée et colletée de gueules*, qui est de Canillac, *et sur le tout d'or, semé de croisettes de sable, au lion rampant de même*, qui est de Montboissier.

CLAUDE-ANTOINE DE LA ROCHE AYMON, *de sable, au lion d'or, armé et lampassé de gueules, l'écu semé d'étoiles d'or.*

DOMINIQUE DE LA ROCHEFOUCAUD, *burelé d'argent et d'azur, à trois chevrons de gueules, le premier écimé, brochant sur le tout.*

ARMOIRIES DE L'ABBAYE

D'azur, semé de fleurs de lis d'or, à une sainte Trinité dans un trône ou niche d'or, doublé de sinople, le Père éternel de carnation, assis, vêtu d'une chape pluviale d'or, la tête couverte d'une tiare de même, chargé, sur la poitrine, d'un Saint-Esprit en forme de colombe d'argent, et tenant une croix de sable sur laquelle est attaché le Fils de carnation, couvert d'argent, et au-dessous deux écussons : l'un à dextre, d'argent, semé de branches d'arbre de sinople en pal, et trois mitres d'or, brochantes sur le tout, posées 2, 1 ; l'autre écusson à senestre, de gueules, chargé de deux léopards d'or, et le grand écusson avec une bordure d'azur, chargé de fleurs de lis d'or, les tiges appointées vers le milieu.

ARMOIRIES DU COUVENT

D'argent, à six branches de laurier de sinople, les tiges passées en sautoir et trois mitres d'or, doublées de gueules, brochantes sur le tout, 2 en chef, 1 en pointe.

Ces armes sont celles qui furent réglées par d'Hozier ; au préalable, et depuis l'abbatiat de Guillaume de Dijon, c'est-à-dire depuis l'an 1000 jusqu'au règne de Guillaume-le-Conquérant, elles étaient : *d'azur, semé de fleurs de lis d'or, à une sainte Trinité dans une niche d'or doublée de sinople, le Père éternel, de carnation, assis, vêtu d'une chape pluviale d'or, la tête couverte d'une tiare de même, chargé, sur la poitrine, d'un Saint-Esprit en forme de colombe d'argent, et tenant une croix de sable sur laquelle est attaché le Fils, de carnation, couvert d'argent.*

Lorsque vint Guillaume-le-Conquérant, les armoiries s'augmentèrent d'un écusson de concession, *de gueules, à deux léopards d'or,* qui sont de Normandie.

Quelques autres modifications furent apportées, à différentes époques, à ces armes. Vers 1200, Raoul d'Argences, 6ᵉ abbé de Fécamp, ayant obtenu du roi Philippe-Auguste la confirmation du droit de haute et moyenne justice dans toutes les dépendances de l'abbaye, à la condition de prêter serment entre les mains des rois de France, on indiqua la suzeraineté royale dont relevait l'abbaye, par *une bordure d'azur, chargée de fleurs de lis d'or, les tiges appointées vers le milieu.*

Ce fut vers la même époque que l'écusson du duc de Normandie disparut de l'écu de l'abbaye, qui reçut pour armes : *d'argent, semé de branches de laurier de sinople en pal et trois mitres d'or brochant sur le tout.*

Ces trois mitres indiquaient la suprématie de l'abbaye sur les monastères de Notre-Dame de Bernay, de Saint-Taurin d'Evreux et de Sainte-Berthe de Blangy, dépendant au spirituel et au temporel de celui de Fécamp.

Outre cet écu, les abbés scellaient aussi *d'argent à trois mitres d'or doublées de gueules posées* 2, 1 (*); les branches de laurier parurent abandonnées, et, en tous cas, elles figurent diversement sur plusieurs sceaux.

Vers la fin du xviie siècle, les armoiries de l'abbaye reçurent une nouvelle modification : elles furent composées de deux écus accolés.

Celui de dextre, *d'argent, à six branches de laurier de sinople, les tiges passées en sautoir ; à trois mitres d'or doublées de gueules brochantes sur le tout.* 2, 1. Celui de senestre, *d'azur, à la fleur de lis d'or en chef et trois clous d'argent en point ; au centre de l'écu, le mot* PAX, *de sable ; le tout orlé d'une couronne d'épines aussi de sable.*

Les trois clous d'argent représentaient les clous de la passion et ils figuraient dans ces armes ainsi que la couronne d'épines, en mémoire et en l'honneur du Précieux-Sang, après que la confrérie de ce nom eut été instituée par le cardinal de Lorraine.

On remarque parmi les ornements extérieurs de l'écu une mitre et une crosse épiscopale ; la mitre est placée de front à dextre, la crosse en pal et tournée en dehors à senestre, ce qui est l'indice d'une juridiction

---

(*) Un cachet des anciens abbés, monté à vis, figure dans la curieuse collection de M. A. LEGRAND aîné, directeur de la distillerie de la *Bénédictine*, à Fécamp.

extérieure s'étendant sur plusieurs établissements religieux et sur le séculier.

L'abbaye de Fécamp avait d'autant plus droit à porter la crosse épiscopale, qu'elle était exempte de toute juridiction d'évêque et que ses administrateurs réguliers eurent le droit, ainsi que les évêques, de conférer les ordres mineurs.

CHAPITRE Ier

Les ordres religieux. — Les Bénédictins.
La règle de saint Benoît.

Ecrire l'histoire d'une abbaye, c'est reconstituer toute une contrée d'autrefois.

Cassiodore parlant de son monastère de Viviers, lui donna le nom de ville.

Déjà, les fameux monastères de Tabenne avaient vu grandir l'œuvre de la communauté due à saint Antoine l'Egyptien, et la vie monastique était en pleine florescence dès le IVe siècle ; mais les monastères étaient loin de ressembler à ce que furent plus tard les somptueuses abbayes, c'était un assemblage de cellules en roseaux bâties le long des cours d'eau, et les disciples de saint Pacôme ne demandaient pas d'autres habitations que ces primitives cabanes, qui commencèrent à devenir plus importantes, lorsque l'invasion des Barbares dans les Gaules, l'Italie et l'Espagne, vint soudain détruire les monastères et disperser les moines.

Ce fut cependant à cette époque, que s'éleva la

fameuse abbaye du Mont-Cassin qui, bâtie sur les ruines d'un temple d'Apollon, devint plus tard le prototype de ces superbes établissements religieux qui furent l'ornement de l'ancienne France, et dont les derniers vestiges sont encore aujourd'hui les plus précieux spécimens du génie architectural et l'orgueil des localités qui les possèdent, après avoir été des asiles de prières, des retraites pleines de calme où vivaient pieusement des hommes réunis pour travailler en commun au salut de leurs âmes, en même temps qu'ils se livraient avec ardeur à l'étude des sciences et traçaient chaque jour de nouveaux sillons dans le vaste champ des connaissances humaines.

Et cependant, qui n'a dit son mot sur l'indolence monacale ?

Paresseux, ivrognes, gourmands, libertins, les moines ont été convaincus par la voix populaire de posséder tous les vices, et ce ne sont pas seulement les sots et les ignorants qui ont répété à l'envi ces méchants propos, les écrivains des siècles passés les ont recueillis, agrémentés et présentés dans leurs livres avec un tour spirituel, une pointe mordante d'ironie, et chacun a été intimement persuadé que les moines étaient des fainéants débauchés, et les monastères des asiles d'oisiveté, d'intempérance et de luxure.

Aussi les philosophes ne manquaient-ils pas de

se répandre en invectives et en injures contre la « stupidité brutale et la paresse sensuelle » des moines, sans prendre garde que l'activité monacale et les immenses richesses conquises par ses efforts, étaient justement le démenti de leurs assertions et la cause de la grande colère allumée contre eux par tous ceux qui enviaient leur prospérité.

La civilisation fut l'œuvre des établissements religieux.

Les moines furent agriculteurs, médecins, architectes, ingénieurs, peintres et savants.

Ce fut par leurs soins qu'on vit la Gaule entière se couvrir de vignobles, de pâturages et de blés, leurs couvents étaient de véritables fermes modèles et c'était là, comme le dit si bien l'auteur de l'*Histoire des Corporations religieuses en France*, que les serfs et les manants venaient apprendre *quid faciat lœtas segetes* « ce qui fait prospérer les moissons. » Jusqu'à ces derniers temps, on a constamment reconnu les localités qui ont toujours appartenu à des monastères à l'excellence de leur culture. De là cette prépondérance, cette influence, ce crédit des riches abbayes, de là ce respect des villageois et des bourgeois pour des corporations formées, après tout, de riches et habiles propriétaires. Il y avait parmi eux des savants, de spirituels hommes et même quelquefois d'admirables caractères qui prirent leur noble place dans les annales contemporaines;

beaucoup d'autres jouissaient seulement de leur opulence et de leur abondance en vrais seigneurs nonchalants.

Ce sont les chroniques du moyen âge qu'il faut consulter pour avoir le tableau complet de cette existence effacée, le portrait fait sur place de ces moines qui détestaient le paganisme en conservant la science païenne, qui copiaient le psautier et l'enrichissaient de merveilleuses peintures, qui transcrivaient Virgile en faisant le signe de la croix pour chasser le démon, qui exerçaient sur des provinces entières une haute juridiction morale, apaisaient les différends, suspendaient les guerres, etc., faisaient intervenir le nom et le pouvoir de Dieu au milieu des intérêts humains les plus violents et les plus enflammés.

Les corporations religieuses, a dit un écrivain catholique, objets d'anathème pour le jurisconsulte païen de Rome, étaient, pour le chrétien moderne, l'expression définitive de la sainteté.

L'ordre des Bénédictins fut un de ceux qui méritèrent le plus cette définition.

Nous n'en écrivons pas ici l'histoire, qui demanderait des développements considérables, mais il est impossible de retracer l'historique de l'Abbaye de la Sainte-Trinité de Fécamp sans rappeler en quelques mots l'existence de l'ordre fameux duquel elle relevait.

Saint Benoît, qui s'était voué à la prédication, lorsque le secret de sa retraite dans la caverne de Subiaco fut connu, eut à peine fait entendre sa parole éloquente, qu'une foule de gens, avides de l'entendre, accoururent de tous côtés, dans l'espoir de s'instruire en l'écoutant.

Plusieurs firent plus que s'instruire, ils furent séduits par le tableau que l'illustre cénobite leur traçait de la vie monastique et, se plaçant sous sa direction, formèrent le premier noyau de l'Ordre bénédictin qui devait, en s'élevant avec une rapidité sans exemple, grâce à la supériorité de sa règle, étendre ses puissants rameaux sur le monde entier et l'éblouir par sa splendeur.

Benoît commença par bâtir douze monastères, et dans chacun il plaça douze moines, sous la direction d'un abbé, et garda auprès de lui ceux qui avaient besoin de ses instructions.

Ce fut alors que, selon saint Grégoire, beaucoup de personnes illustres de la ville de Rome lui offrirent leurs enfants pour les élever et les fortifier au service de Dieu.

« Mais la mésintelligence, avons-nous dit dans notre histoire : *Les Ordres religieux*, ne tarda pas à se mettre au milieu des divers supérieurs de ces différents monastères, et, ce qui ajouta encore au chagrin que le saint ressentit de cet état de choses, ce fut la haine que lui porta le prêtre

Florent, jaloux de sa réputation, et qui entreprit de s'opposer à ce que les visiteurs continuassent à venir à Subiaco ; il eut même la coupable pensée d'attenter à la vie du saint.

« Abreuvé d'amertumes, et craignant que les mauvaises dispositions de Florent ne nuisissent à la prospérité de son ordre, saint Benoît céda à la persécution. Après avoir établi d'une façon définitive des supérieurs et des religieux dans ses monastères, il sortit et s'en alla demeurer sur le Mont-Cassin, emmenant avec lui un petit nombre de ses disciples.

« Là, existait un temple dédié à Apollon et environné de bois consacrés. Saint Benoît et ses compagnons renversèrent l'autel du dieu, et, sur ses ruines, bâtirent une chapelle en l'honneur de saint Martin, puis une seconde en celui de saint Jean.

« Bientôt un monastère remplaça le temple, et ce fut dans cet asile de paix que mourut saint Benoît, en 543, après avoir rédigé les articles de l'admirable règle dont il légua le soin de l'observance à ses successeurs. »

Nous aurons bientôt à nous occuper de cette règle, monument impérissable de sagesse et de véritable esprit religieux ; mais contentons-nous d'abord de suivre l'ordre dans les progrès incessants qu'il ne cessa de faire, grâce au caractère tout particulier que lui avait donné la volonté de son fondateur, en introduisant dans son principe l'aptitude à tout travail.

L'ordre avait été fondé vers 520. Dès 534, un des disciples de saint Benoît, saint Placide, alla établir des religieux bénédictins en Sicile, et, en 543, l'année même de la mort du saint, un autre, saint Maur, vint en France, accompagné de quatre religieux, bâtir dans la province d'Anjou la célèbre abbaye de Glanfeuil.

Dès le VIIIe siècle, l'Europe se couvrit de monastères bénédictins : la France, l'Italie, l'Espagne, l'Allemagne, l'Angleterre, l'Irlande, l'Ecosse eurent des couvents de cet ordre.

Le Mont-Cassin ne tarda pas à conquérir les droits d'une souveraineté temporelle tout à fait indépendante. Ughello, dans son *Italia sacra*, constate le droit de vie et de mort *jus capitis et sanguinis*, exercé par l'abbaye du Mont-Cassin sur les habitants de San Germano, de Molise, des Abruzzes et de la Calabre.

L'abbé officiait pontificalement, commandait à des citadelles armées, traitait de la paix et de la guerre, pouvait recevoir l'hommage lige de ses vassaux, lever des impôts et combattre la rébellion par la force des armes.

Le monastère avait sous sa dépendance plus de cent cinquante couvents d'hommes et de femmes en Italie, en France, en Sardaigne., en Dalmatie, en Lithuanie, à Constantinople et à Jérusalem. A ces causes, le général des moines cassinistes reçut du pape Pascal II, le titre d'abbé des abbés.

Les Lombards avaient bien renversé l'abbaye en 580; mais, en 720, elle s'était relevée du milieu de ses débris, plus brillante que jamais.

En France, une égale célébrité s'attachait aux abbayes de Fleury, fondée sous Clovis II, en 640, et qui avait la faveur insigne de posséder les reliques du corps de saint Benoît, — de saint Denis, de la Chaise-Dieu, de Lerino, de saint Victor, de Corbie, etc., en attendant que la réforme rendit illustres celles de Cluny, de Citeaux, de Clairvaux, de Ferté, de Pontigny, de Morimond, etc., et que, plus tard, de nouvelles réformes projetassent leur éclat sur les abbayes de Saint-Vanne, de Moyen-Moustier, de Saint-Michel, de Saint-Hubert-en-Ardennes, de Senones, de Saint-Avold, de Saint-Germain-des-Prés, de Vendôme, de Saint-Remi, de Rheims, de Fécamp, etc.

Mais cette dernière n'avait pas attendu que les réformes lui donnassent la célébrité dont elle jouissait depuis longtemps ; toutefois, il arriva aussi pour elle un moment où le relâchement de la discipline, qui s'était introduit partout, se fît sentir parmi les moines, et elle dut aussi être réformée ; mais, d'abord, avant d'aller plus loin et de voir se succéder les événements qui amenèrent peu à peu la nécessité de cette réforme, disons quelle était la règle dont l'observance était imposée à l'abbaye, et dont saint Benoît avait non-seulement indiqué les principaux caractères, mais encore qu'il s'était attaché à développer dans ses moindres détails, qui avaient été tous l'objet de son examen approfondi.

La règle de saint Benoît est le monument le plus remarquable et le plus parfait de la sagesse humaine; elle est le résumé des méditations profondes de son fondateur et de sa longue pratique. Le plus grand nombre même des miracles rapportés par saint Grégoire sur la foi des disciples du saint, ont trait, prétend-on, uniquement à quelques points fondamentaux de sa discipline et semblent avoir été créés ou arrangés tout exprès à cet effet.

L'œuvre de saint Benoît a soulevé les plus hautes et les plus intéressantes questions historiques, morales et sociales; il ne s'agit que d'examiner les motifs qui ont porté le saint homme à établir cette règle, cette « divine école », selon son expression, pour se rendre compte de l'influence qu'elle dut avoir sur les mœurs monastiques.

Le mouvement religieux provoqué par Athanase au milieu du quatrième siècle, avait commencé la révélation des causes religieuses et de la vie ascétique.

Déjà, le paganisme n'était plus, le sentiment chrétien planait sur le monde éclairé par les lueurs du catholicisme.

Mais si les prêtres convertissaient par la parole, ils ne pouvaient encore enserrer dans un cadre déterminé cette foule immense de nouveaux chrétiens qui, éprouvant le besoin de se livrer aux pratiques de la vie nouvelle et tout en voulant imiter la vie de Jésus dans ce qu'elle avait de foi fervente et de tranquille sérénité, cherchaient une sorte de pivot qu'ils ne pouvaient parvenir à trouver au milieu d'une foule restée païenne, au point de vue physique et politique.

Donc, la vie monastique répondant aux aspirations les plus vives du moment, devint l'objectif de tous ceux qui ne se contentaient pas d'adorer Jésus, mais qui se sentaient animés du désir de le servir.

Saint Athanase fit luire le premier feu de ce phare destiné à guider tous ces divers dévoûments, qui ne demandaient qu'à se formuler d'une façon effective.

Saint Basile fit plus, il réunit, groupa des religieux et des monastères ; mais il manquait à cette multiplicité d'établissements, la cohésion, le lien que leur donna saint Benoît, après qu'il eut examiné l'état des personnes qui faisaient profession de la vie monastique.

« Il y en a de quatre sortes, dit-il : la première est celle des cénobites, c'est-à-dire des religieux qui, vivant en commun dans un monastère, combattent sous une règle et sous la discipline d'un abbé.

« La seconde est celle des anachorètes ou ermites, c'est-à-dire ceux qui, n'étant pas poussés par une ferveur de novice, mais qui ayant appris par de longues épreuves dans le monastère et avec le secours de plusieurs, à attaquer le démon, se sentent assez forts pour quitter la compagnie de leurs frères, entreprendre seuls dans le désert une nouvelle guerre et combattre sans aucune consolation, sans être soutenus ni du bras ni de la présence de personne, mais par la seule protection qu'ils reçoivent de Dieu, non-seulement contre les vices de la chair, mais encore contre les impressions et les égarements de leur imagination et de leurs pensées.

« La troisième est celle des sarabaïtes, ce genre de moines si détestable qui, sans avoir été éprouvés par la pratique d'aucune règle, ni sans avoir passé par la discipline monastique, comme l'or par le feu de la fournaise, mais qui ayant la mollesse et la flexibilité du plomb et conservant dans leur cœur l'esprit et les maximes du monde, ne sont rien moins aux yeux de Dieu que ce qu'ils paraissent à ceux des hommes par leur tonsure. Ils se mettent deux ou trois ensemble, quelquefois ils sont seuls et sans pasteur ; ils vivent enfermés dans leur propre bergerie, mais non pas dans celle de Jésus-Christ et ne se proposant que la satisfaction de leurs désirs pour la règle de leur vie, ils s'imaginent que tout ce qu'ils approuvent est saint et qu'on doit rejeter tout ce qu'ils condamnent.

« La quatrième est de ceux que l'on appelle gyrovagues, qui passent toute leur vie allant de provinces en provinces, de cellules en cellules et ne demeurent pas plus de trois ou quatre jours dans le même endroit. Ils marchent incessamment et ne s'arrêtent jamais pour se fixer dans aucun lieu, esclaves de leurs propres plaisirs, adonnés à leur bouche et en toutes choses plus déréglés que les sarabaïtes. »

Saint Benoît avait en vue de remédier à ces abus lorsqu'il se décida à établir sa règle, qui fit de la vie monacale un acheminement vers la vie érémitique, règle empreinte d'une discrétion infinie, qui ne commande ni les jeûnes outrés ni la pénitence corporelle, et qui ferme la carrière aux écarts d'une imagination exaltée.

C'est le programme d'une vie solide, tracée jour par jour, heure par heure et qui repose sur l'interprétation constante des paroles et des actes contenus dans les livres saints.

Cet homme s'appelait BÉNI DE DIEU (Benedictus, Benoît (¹). Il dit à l'Eglise : « Me voici avec ma règle, ma pauvreté et mon obéissance, » et l'Eglise jetant sur lui un regard de protection et d'amour lui répond : « Tu m'appartiens ; ta règle, c'est l'esprit de Dieu qui l'a inspirée, va, je t'envoie ; en toi de nombreuses générations seront bénies (²). »

Et cet homme revint au désert, devenu père d'une famille innombrable. Sa parole était dans le monde portée par le bruit de sa sainteté (³), enfantant les hommes à une vie sublime, suscitant à propos d'utiles et admirables réformes, multipliant ses congrégations, ses ordres militaires, ses chapitres séculiers ; formant ses saints, ses rois, ses évêques, ses martyrs, ses docteurs, ses savants ; ramenant au même centre ses trente-sept mille maisons, branches et filiations.

Treize siècles après, sa postérité vivait encore ; et, quand la société sapée par la hache révolutionnaire, l'a écrasée sous ses ruines, on la voit avec admiration renaître de ses cendres (⁴).

La règle de Saint-Benoît fut observée dans l'Abbaye de Fécamp, et ses principales dispositions maintenues jusqu'à ce que le relâchement de

---

(1) Grégoire. Dialog, l. II.
(2) Concile de Douzi, en 874.
(3) Grégoire. Dialog. l. II.
(4) L'abbé Cirot de la Ville.

la discipline s'étant peu à peu introduit dans tous les cloîtres, on vît les sages prescriptions de saint Benoît tomber en désuétude et nécessiter enfin une réforme devenue indispensable.

Nous ne relatons ici que les articles spéciaux à l'administration de l'abbaye.

DES DIGNITAIRES DE L'ABBAYE

L'Abbé

Saint Benoît avait voulu que les abbés fussent élus par la Communauté réunie à cet effet ; mais les papes s'arrogèrent le droit de nommer au gouvernement des abbayes, et les rois conférèrent aussi le titre d'abbé et les priviléges y attachés. Les abbayes en possession du droit d'élection étaient appelées abbayes en règle, les autres abbayes en commende.

Celle de Fécamp fut d'abord une abbaye en règle et devint plus tard abbaye en commende.

Voici ce que la règle prescrivait au sujet de l'abbé :

« On tiendra pour règle constante dans l'élection de l'abbé que celui-là soit établi, qui aura été choisi dans la vue de Dieu, par un consentement général de toute la communauté, ou même par la plus petite partie, pourvu que son choix soit le meilleur. On considérera dans cette élection le mérite, la sagesse et la doctrine de la personne, quand même elle n'aurait que le dernier rang dans le monastère.

« Que s'il arrivait que la communauté tout entière eût, d'un commun avis, jeté les yeux (ce que Dieu ne permette pas), sur un sujet qui se laissât aller à ses passions et à ses dérèglements, ses vices étant venus à la connaissance de l'évêque du diocèse, des abbés ou des gens de bien qui sont dans le voisinage, il faut qu'ils empêchent que la conspiration des méchants n'ait son effet, qu'ils prennent soin de donner à la maison de Dieu un dispensateur qui soit digne de la gouverner et de la conduire, et qu'ils soient assurés que leur action sera récompensée, s'ils agissent en cela avec des intentions pures et dans un saint zèle pour la gloire de Dieu, et qu'au contraire, leur péché sera puni, si dans cette occasion ils manquent d'y contribuer.

« Il faut que l'abbé, après sa nomination, pense incessamment à la pesanteur du fardeau dont il a été chargé, et à qui il doit rendre compte de son administration, et qu'il soit persuadé qu'il est établi, non pas tant pour présider que pour être utile à ses frères.

« Il doit donc être instruit dans la loi divine, afin qu'il sache et qu'il ait en lui comme une source, de laquelle il puisse tirer les vérités et les maximes anciennes et nouvelles dont il doit se servir pour l'instruction de ses frères. Il faut aussi qu'il soit chaste, sobre, charitable, et qu'il fasse paraître dans toute sa conduite plus de douceur que de sévérité, afin qu'il trouve en Dieu pour lui-même la même bonté qu'il aura eue pour les autres. Il haïra les vices, mais il ne laissera pas d'aimer ses frères. Il se conduira dans les corrections avec prudence et n'y commettra aucun excès, de crainte qu'en voulant trop ôter la rouille du vase et le rendre trop net, il ne le rompe.

« Qu'il ne perde jamais de vue sa propre fragilité et qu'il se souvienne qu'il est défendu d'achever de briser le roseau qui est déjà éclaté.

« Nous n'entendons pas pour cela qu'il souffre que les vices se nourrissent et se multiplient, mais qu'il se serve, pour les retrancher, d'une conduite prudente et charitable, selon qu'il l'estimera le plus avantageux pour chacun de ses frères, comme nous l'avons déjà dit, en sorte qu'il s'étudie beaucoup plus à se faire aimer qu'à se faire craindre. Qu'il soit posé dans sa manière d'agir, qu'il ne soit ni inquiet, ni excessif, ni opiniâtre, ni jaloux, ni trop soupçonneux, car autrement il n'aura jamais de repos.

« Qu'il soit prévoyant et considéré dans tous ses ordres, dans les choses qui regardent Dieu comme dans celles qui regardent le monde, et qu'il ait, lorsqu'il ordonne quelques emplois et quelques travaux, tout le discernement et toute la modération nécessaire, imitant la discrétion du saint patriarche Jacob, qui disait : *Si je fais marcher mes troupeaux plus qu'ils ne peuvent, ils mourront tous en un jour.* Ainsi, suivant cet exemple de discrétion, qui est la mère de toutes les vertus, et d'autres exemples semblables, qu'il fasse toutes choses avec tant de règle et de mesure, que les forts les puissent désirer et que les faibles ne tombent point dans le découragement. Surtout, qu'il observe et fasse observer cette règle dans tous ses points, afin que s'étant fidèlement acquitté de son ministère, il entende de la bouche du Seigneur ces paroles qu'il dit à ce serviteur fidèle, qui avait distribué la nourriture dans le temple à ceux qui avaient travaillé avec lui : *Je vous dis en vérité, il donnera à ce serviteur le gouvernement sur tous ses biens.*

« L'abbé qui aura été jugé digne de gouverner le monastère doit avoir incessamment devant les yeux le nom qu'il porte et s'étudier à remplir, par sa conduite, tous les devoirs d'un supérieur; car on le regarde comme tenant la place de Jésus-Christ entre ses frères, et c'est pour cela que par une distinction de prééminence, il en a le nom, selon ces paroles de l'apôtre : Vous avez reçu l'esprit de l'adoption des enfants, par lequel nous crions *Abba*, c'est-à-dire Père.

« Ainsi l'abbé ne doit rien ni enseigner, ni instituer, ni prescrire qui soit contraire aux préceptes du Seigneur (ce que Dieu ne permette) ; mais il faut que ses commandements et sa doctrine, comme un levain spirituel de la justice divine, se répandent et remplissent le cœur de ses disciples.

« Que l'abbé se souvienne continuellement qu'il se doit faire au Tribunal redoutable de Jésus-Christ une discussion exacte de sa doctrine et de l'obéissance de ceux qui auront été sous sa charge, et qu'il sache que si le père de famille ne trouve pas dans son troupeau toute l'utilité qu'il en pouvait attendre, le pasteur en sera responsable, et qu'il n'en sera déchargé que lorsqu'il aura employé toute sa diligence et tous ses soins pour conduire ses brebis inquiètes et désobéissantes et pour guérir leurs maladies, et que se trouvant justifié au jugement du Seigneur, il pourra lui dire avec le prophète : Seigneur, je n'ai point caché votre justice dans mon cœur ; je leur ai dit votre vérité sainte et ce qui pouvait contribuer à leur salut ; mais ils n'en ont fait aucun cas et ils m'ont méprisé. Et pour lors, la mort sera le châtiment de ces brebis rebelles et elles lui seront assujetties pour jamais, parce qu'elles n'auront pas répondu aux soins de leur pasteur.

« Il faut donc que celui à qui l'on donne le rang et la qualité d'abbé instruise ses disciples en deux manières, c'est-à-dire qu'il leur apprenne à pratiquer les choses bonnes et saintes, par ses actions encore plus que par ses paroles, en sorte qu'il fasse connaître de vive voix les commandements de Dieu à ceux qui ont plus de capacité et d'intelligence, et qu'il les enseigne par son exemple à ceux qui auront le cœur plus dur ou l'esprit plus simple et plus grossier, et surtout qu'il vive de sorte que ses disciples remarquent dans sa conduite, qu'ils doivent éviter les choses qu'il leur aura dites être contraires à leur salut, de crainte qu'en instruisant les autres il ne soit lui-même réprouvé et que Dieu, qui est témoin de son infidélité, ne lui fasse un jour ce reproche :

— Comment avez-vous eu la hardiesse d'annoncer mes justices et d'ouvrir la bouche pour parler de mon alliance, vous qui avez secoué le joug de la discipline, qui avez rejeté mes ordonnances et qui, apercevant une paille dans l'œil de votre frère, n'avez pas remarqué une poutre dans le vôtre.

« L'abbé ne doit distinguer personne dans le monastère, ni en aimer les uns plus que les autres, si ce n'est qu'il voie quelqu'un qui précède ses frères par son obéissance et par la fidélité de sa conduite.

« Il ne doit point préférer les personnes de naissance à celles qui sont d'une basse condition, si ce n'est qu'il y soit obligé par quelque raison particulière.

« Que s'il lui paraît juste d'en user de la sorte, il le peut faire indifféremment à l'égard de tous ; autrement, il est à propos que chacun demeure dans sa place et dans son rang ; car, soit que nous soyons libres ou esclaves, nous sommes tous un en Jésus-Christ et assujettis au joug d'une même servitude et d'une même milice sous un même seigneur ; car il n'y a point en Dieu d'exception de personnes, et ce n'est que par nos bonnes œuvres et par notre humilité, que nous sommes estimés meilleurs et qu'il nous distingue.

« Il faut donc que l'abbé ait pour tous ses frères une charité égale et qu'il règle sa conduite à l'égard de chacun d'eux selon leurs dispositions et leurs vertus. Il doit suivre dans ses enseignements le modèle que l'apôtre lui donne quand il dit : *Reprenez, suppliez, menacez,* et changer sa conduite selon les temps, mêlant la douceur avec la sévérité, tantôt agissant comme un maître rigoureux, tantôt comme un père charitable, c'est-à-dire qu'il doit reprendre avec plus de rudesse les âmes inquiètes et volontaires et porter par ses exhortations et ses remontrances, celles qui sont humbles et patientes, à s'avancer de plus en plus dans le chemin de la vertu.

« Pour ceux qui manqueront à leur devoir ou par négligence ou par mépris, nous l'avertissons de les reprendre et de les corriger ; surtout, qu'il ne fasse pas semblant de ne pas apercevoir les dérèglements de ses frères, mais qu'il se serve de son autorité et qu'il les retranche jusque dans la racine au moment qu'il les verra naître, et afin de se rendre en cela plus exact, qu'il pense au malheur que s'attira le grand-prêtre Héli, qui demeurait dans Silo. Et comme il se contentera de reprendre de paroles une fois ou deux seulement les personnes les plus dociles et les mieux nées, aussi doit-il punir de verges et de peines corporelles celles qui sont incorrigibles et endurcies, désobéissantes et superbes, aussitôt qu'elles commettront le péché, sachant qu'il est écrit que *l'insensé ne se corrige point par la parole,* et ailleurs : *Châtiez votre enfant avec la verge et vous le délivrerez de la mort.*

« Il faut que l'abbé se souvienne incessamment de la qualité et du nom qu'il porte, qu'il sache que l'on exige davantage de celui à qui on a plus confié et qu'il pense combien est pesant et difficile l'emploi de conduire les âmes et de s'accommoder aux inclinations différentes de ceux qui sont sous sa charge, en se servant tantôt de paroles douces, tantôt de remontrances, tantôt d'exhortations et se conformant à la capacité et à la disposition de tous ses frères, en sorte que non-seulement il préserve de tout dommage le troupeau qu'il gouverne, mais même qu'il trouve sa joie et sa consolation dans son accroissement.

« Qu'il prenne garde, avant toutes choses, de ne pas négliger le salut des âmes qui lui ont été commises et de préférer à ce devoir si important le soin des choses terrestres, passagères et caduques ; mais qu'il pense sans cesse que c'est principalement de la conduite des âmes qu'il s'est chargé et dont il doit un jour rendre compte.

« Et afin qu'il ne prenne pas pour une excuse légitime le peu de bien de son monastère, qu'il se souvienne qu'il est écrit : *Cherchez premièrement le Royaume de Dieu et sa justice et tout le reste vous sera donné comme par-dessus,* et ailleurs : *Ceux qui le craignent ne manquent de rien.*

« Qu'il n'oublie jamais qu'il a entrepris de conduire des âmes, qu'il se tienne toujours prêt d'en rendre compte et qu'il soit assuré qu'outre celui qu'il rendra de toutes celles qui sont sous sa charge, quelque grand qu'en soit le nombre, il répondra encore de la sienne au jugement de Dieu.

« Ainsi, la crainte qu'il a de cette discussion rigoureuse qui se doit faire de la vigilance du pasteur touchant les brebis qu'il a sous sa main, fait que par l'application qu'il a au compte qu'il lui demandera de ses frères, il se prépare à celui qu'il faudra qu'il lui rende de sa propre conduite, de sorte qu'il travaillera à la réformation de ses mœurs en s'employant par ses instructions à la correction de celle des autres.

« Toutes les fois qu'il faudra traiter dans le monastère d'une affaire importante, l'abbé ne manquera pas d'assembler la communauté et de proposer le sujet dont il s'agit. Après avoir su le sentiment des frères, il considérera mûrement la chose en lui-même et fera ensuite ce qu'il jugera être le meilleur et le plus expéditif.

« Ce qui fait dire que l'abbé doit assembler tous les frères, c'est que Dieu inspire souvent le meilleur conseil aux plus jeunes ; cependant, les frères donneront leur avis avec tant d'humilité et de soumission, que nul n'aura la hardiesse de soutenir avec opiniâtreté son sentiment et il dépendra entièrement de l'abbé de prendre le parti qu'il jugera le meilleur et toute la communauté devra s'y soumettre. Mais comme il est juste que les disciples obéissent au maître, il faut aussi que le maître règle tout avec beaucoup de prévoyance et d'équité.

« C'est pourquoi il est nécessaire que tous, et en toutes choses, observent la règle comme la maîtresse, et que qui que ce soit ne s'en éloigne sans une raison juste et légitime ;

« Que nul de la communauté ne prétende suivre

le mouvement de sa volonté propre ni contester avec arrogance contre son abbé, soit dedans, soit hors le monastère ;

« Que si quelqu'un tombe dans cet excès, qu'il subisse la correction régulière.

« Il faut aussi qu'en toutes choses, l'abbé ait devant les yeux la crainte de Dieu et l'observation de la règle, sachant qu'assurément il rendra compte de toute sa conduite à ce juge si équitable.

« Touchant les choses moins considérables qui regardent les besoins du monastère, l'abbé se servira seulement du conseil des anciens, selon ce qui est écrit : *Ne faites rien sans conseil et vous ne vous en repentirez point.* »

On voit que tout était sagement prévu et que si plus tard des abus regrettables s'élevèrent, on ne put s'en prendre au principe constitutif de l'autorité abbatiale.

Du Doyen

Le doyen était choisi parmi les moines qui s'étaient le plus fait remarquer par la sainteté de leur vie et qui avaient acquis le plus d'estime et d'approbation.

Le doyen veillait sur dix moines et devait se conduire en toutes choses selon les commandements de Dieu et les ordres de l'abbé.

« Ce ne sera point le rang que l'on considérera dans ces sortes d'élections, mais le mérite de la personne, sa sagesse et sa doctrine ; si par hasard il s'en trouvait quelqu'un qui fût coupable pour s'être laissé aller à la présomption et à l'orgueil et qui, après avoir été repris jusqu'à trois fois, persistât dans son opiniâtreté, on ne manquera pas de le déposer et de lui en substituer un autre qui en soit digne. »

Du Prieur

Il arriva souvent que l'établissement des prieurs causa de graves désordres dans les monastères ; aussi la règle des Bénédictins annotée par dom Claude de Vert consacre un chapitre spécial à cette dignité :

« Nous croyons que pour conserver la charité et la paix, il faut que le gouvernement et l'administration du monastère soient entièrement entre les mains de l'abbé, et que, s'il est possible, on se serve de doyens qui pourvoient, sous ses ordres, à tous les besoins et à toutes les nécessités de la communauté, afin que le ministère étant partagé entre plusieurs, un seul n'ait pas occasion de s'élever.

« Que s'il arrive que le lieu l'exige, ou que la communauté le demande avec raison et humilité tout ensemble et que l'abbé le juge à propos, il établira lui-même pour prieur celui qu'il lui plaira choisir, ayant pris sur cela le sentiment des plus vertueux de ses frères.

« Le prieur exécutera avec respect tout ce qui lui sera prescrit par son abbé, il ne fera rien contre sa volonté ni contre ses ordres ; car, d'autant plus qu'il est élevé au-dessus de ses frères, il doit aussi être plus attaché à l'observation de la règle.

« Que s'il tombait dans quelque dérèglement, qu'il s'enflât d'orgueil ou qu'il fût convaincu de négliger l'observation de la sainte règle, on l'en reprendra jusqu'à quatre fois, et s'il manque à se corriger, on usera à son égard des châtiments et des corrections régulières.

« Que s'il persiste dans son opiniâtreté, on le déposera et on mettra à sa place quelqu'un qui en soit digne. Et enfin, si après tout cela, il vivait entre ses frères comme un homme inquiet et désobéissant, on le chassera du monastère.

« Cependant, que l'abbé n'oublie jamais qu'il rendra compte à Dieu de ses jugements et de toutes ses ordonnances, de crainte que son âme ne se laisse surprendre par un faux zèle d'envie et d'amertume. »

Du Lecteur semainier

La règle exigeant qu'on lise toujours à la table des moines et que ce ne fût pas l'un d'eux indistinctement qui prît le livre pour s'acquitter de cet office ; chaque semaine, un lecteur spécial était désigné pour entrer en fonction le dimanche.

« Le lecteur ne manquera pas, après l'office de la communion, de demander à toute la communauté le secours de ses prières, afin qu'il plaise à Dieu de le préserver de l'esprit d'élèvement et de complaisance, et pour cet effet, on dira trois fois publiquement dans l'église, et de façon que ce soit lui qui commence, ce verset : *Domine, labia mea aperies, et os meum annuntiabit laudem tuam,* et après avoir reçu la bénédiction, il entrera dans sa fonction de lecteur.

« On gardera un silence si complet pendant le repas de la communauté, que tout bruit cessant, il n'y ait que la voix toute seule de celui qui lit que l'on entende. On aura soin de mettre sur les tables ce qui peut être nécessaire pour le boire et pour le manger, et les frères se serviront les uns les autres avec tant de soin, que personne n'ait sujet de rien demander. Si, néanmoins, on avait oublié de pourvoir à tout, on en avertira plutôt par quelque son ou par quelque signe que par la parole.

« Que personne n'ait la hardiesse de faire quelque réflexion sur le sujet de la lecture ou sur quelqu'autre matière que ce puisse être, de crainte de donner lieu à la tentation, si ce n'est que le supérieur ait quelque chose à dire pour l'édification des frères, ce qu'il doit faire en peu de paroles.

« Le lecteur, avant de commencer la lecture, prendra une fois à boire, à cause de la communion sainte et de crainte que, s'il était à jeun, il n'eût trop de peine à soutenir sa lecture. Après que la communauté sera levée de table, il mangera avec les semainiers et les serviteurs de cuisine.

« Au reste, il faut savoir que les frères ne doivent pas être nommés d'ordre ni de suite pour lire ou pour chanter; mais on prendra seulement ceux qui pourront s'acquitter de ce ministère avec plus d'édification. »

Du Cellérier

Le cellérier de l'abbaye était choisi parmi ceux d'entre les moines qui offraient des qualités particulières : il devait être sage, d'un esprit mûri, sobre, craignant Dieu et exempt de turbulence.

Il fallait qu'il ne fût ni altier, ni désobligeant, ni paresseux, ni prodigue et enfin « qu'il tînt comme lieu de père à toute la communauté » ; qu'il eût soin de tout; qu'il ne fît rien sans l'ordre de l'abbé ; qu'il observât toutes les choses qui lui étaient commandées et qu'il prît garde à ne point contrister ses frères.

« Que s'il y en a quelqu'un qui, par hasard,

désire de lui quelque chose qui ne soit pas raisonnable, qu'il ne lui laisse aucune peine en le refusant avec mépris, mais qu'il le fasse d'un air et d'une manière si humble et si honnête, que celui qui lui demande une chose injuste connaisse qu'il la lui refuse avec raison.

« Qu'il veille à la garde de son âme, qu'il se souvienne sans cesse de la parole de l'apôtre, qui dit : « Celui qui aura bien servi s'acquerra une place avantageuse. »

« Qu'il ait un soin tout particulier des malades, des enfants des hôtes et des pauvres, étant assuré que ce sont des devoirs dont il rendra compte à Jésus-Christ au jour de son jugement.

« Qu'il considère tous les meubles et tout le bien du monastère comme les vases qui sont consacrés au service de l'hôtel, qu'il ne néglige rien, qu'il ne soit ni avare, ni prodigue, ni dissipateur des biens du monastère et qu'il fasse tout avec règle et avec mesure et selon les ordres qu'il en aura reçus de l'abbé.

« Surtout, qu'il donne des marques de son humilité, et quand il ne peut accorder ce qu'on lui demande, qu'il ait au moins dans la bouche des paroles qui contentent, parce qu'il est écrit : *Une parole douce est plus agréable qu'un grand présent.*

« Qu'il ne se mêle précisément que de ce que l'abbé lui aura commis et qu'il ne s'ingère point de ce qu'il lui aura défendu. Qu'il donne aux frères, sans chagrin et sans les faire attendre, ce qu'on a accoutumé de leur donner, afin de leur ôter tout sujet de scandale, se souvenant de la punition que mérite, selon la parole de Jésus-Christ, celui qui aura scandalisé l'un des plus petits.

« Que si la communauté est nombreuse, on lui donnera quelqu'un qui puisse l'aider dans ses fonctions, afin qu'il s'acquitte avec joie du ministère dont il est chargé.

« Qu'on ne manque point de donner et de demander, dans les temps convenables, les choses nécessaires, afin que tout se passe, dans la maison de Dieu, sans causer à personne ni trouble ni tristesse. »

Du Portier de l'Abbaye

On devait choisir pour portier un homme d'un certain âge, « qui soit sage, qui sache porter une parole et en rapporter la réponse, qui ait le jugement mûr et qui soit assidu et attaché à son devoir. »

Il devait avoir une cellule tout contre la porte, afin que ceux qui venaient au monastère le trouvassent d'abord et qu'il fût toujours prêt à leur rendre réponse.

Aussitôt que quelqu'un frappait à la porte ou

qu'il entendait la voix d'un pauvre, il répondait : « *Deo gratias agimus* nous remercions Dieu de ce que la Providence vous a conduit ici et de ce qu'il nous visite en votre personne », et avec une douceur inspirée de la crainte de Dieu et mêlée d'une charité ardente, « il rendra ses réponses sans faire attendre, et au cas qu'il ait besoin de quelqu'un pour lui aider dans son office, on lui donnera quelque frère plus jeune que lui. »

Des Semainiers de la Cuisine

Les moines devaient se rendre service les uns aux autres et tous étaient également appliqués aux soins de la cuisine ; nul n'en devait être exempté, si ce n'est en cas de maladie ou s'il se trouvait chargé de quelqu'occupation plus importante et plus utile au monastère.

« On accordera aux faibles quelques personnes pour les soulager, afin qu'ils s'acquittent de leur ministère sans tristesse. On donnera les mêmes secours aux semainiers, selon le nombre des frères et la disposition des lieux. Si la communauté est grande, le cellérier sera exempté de ce service, aussi bien que ceux qui seront employés à des choses plus utiles ; les autres se serviront tour à tour par le sentiment d'une charité mutuelle.

Celui qui devait sortir à la fin de la semaine du service de la cuisine, la balayait le samedi et nettoyait seul généralement tout ce qui dépendait de cet office, et il lavait tout le linge qui avait servi à essuyer les pieds et les mains des moines.

Il devait aussi, avec celui qui lui succédait, laver les pieds de toute la communauté, et il remettait tous les vaisseaux qui servent aux fonctions de cuisinier, nets et entiers aux mains du cellérier, qui en chargeait le nouveau semainier.

Les semainiers, avant l'heure du repas, buvaient chacun une fois et mangeaient un morceau de pain ; pain et boisson leur étaient donnés en plus de la portion ordinaire, afin qu'ils puissent rendre service à leurs frères pendant tout le repas, sans murmures et avec moins de peine.

Ceux qui prenaient le service de la cuisine et ceux qui en sortaient se mettaient à genoux devant leurs frères dans l'église, le dimanche, à la fin de l'office du matin, pour leur demander le secours de leurs prières. Celui qui sortait disait trois fois ce verset : *Benedictus es, Domine Deus, qui adjuvisti me et consolatus es me*, et après avoir reçu la bénédiction, il se retirait ; celui qui devait lui succéder disait ensuite cet autre verset : *Deus, in adjutorium meum intende ; Domine, ad adjuvandum me festina*, le chœur le répétait trois fois, il recevait la bénédiction et entrait en fonctions ensuite.

De la charge d'annoncer l'heure des Offices

L'abbé devait avertir lui-même pour l'office divin du jour et de la nuit; cependant, il pouvait commettre un moine chargé spécialement de ce soin.

Ceux qui avaient reçu l'ordre d'imposer les pseaumes et les antiennes le faisaient après l'abbé, chacun selon son rang, et personne ne pouvait chanter ni lire s'il ne savait le faire avec édification.

« Celui que l'abbé aura chargé de ce devoir s'en doit acquitter avec humilité, modestie et tremblement tout ensemble. »

VIE JOURNALIÈRE DES MOINES

Chaque moine avait son lit et les lits étaient placés dans un dortoir, selon les dispositions de la règle. « Ils seront tous couchés dans un même lieu, s'il est possible; que si l'on ne le peut à cause du grand nombre, on les mettra dix ou vingt ensemble avec des anciens qui veilleront sur leur conduite. »

Les lits avaient pour toute garniture une paillasse piquée, une espèce de drap tissé de poil et de lisières ou moitié poil et moitié laine, une couverture de laine et un chevet; l'abbé devait en faire souvent la visite, dans la crainte qu'on y cachât quelque chose, contrairement à la pauvreté promise.

On allumait une lampe dans les dortoirs et elle devait éclairer toute la nuit jusqu'au matin.

Les moines couchaient tout vêtus avec leurs ceintures, ou les reins ceints avec des cordes.

Ils ne devaient pas avoir de couteau à leur côté pendant leur sommeil, « crainte de se blesser dans l'illusion de quelque songe. »

Ils devaient toujours être prêts à s'éveiller au premier signal, à se lever et à partir à l'instant même ; ils devaient même essayer de se devancer les uns les autres pour se trouver au service divin, « sans néanmoins blesser en rien la gravité et la modestie. »

Les plus jeunes moines n'avaient pas leur lit les uns proche des autres, mais ils étaient placés entre ceux des anciens.

« Ils pourront s'exciter doucement les uns les autres en allant à l'office divin, afin d'ôter à ceux qui aiment à dormir tout sujet d'excuser leur paresse. »

Les heures des repas étaient fixées :

Depuis Pâques jusqu'à la Pentecôte, les moines dînaient à midi et soupaient le soir ;

Depuis la Pentecôte et pendant tout l'été, ils jeûnaient le mercredi et le vendredi jusqu'à deux heures, à moins qu'ils n'en fussent dispensés, à cause des travaux des champs ou des chaleurs excessives, et les autres jours, ils mangeaient à midi.

Depuis le 13 septembre jusqu'au carême, ils mangeaient à deux heures, et depuis le carême jusqu'à Pâques, ils ne mangeaient qu'à cinq heures du soir.

En tous cas, ils devaient toujours prendre leurs repas au jour, et l'heure devait être réglée de façon à ne jamais déroger à cette obligation.

Tout moine qui arrivait en retard au réfectoire, c'est-à-dire après que le verset *oculi omnium* était dit, était réprimandé; s'il commettait la même faute une seconde fois, il était encore passible d'une réprimande; mais s'il récidivait, on le séparait de la table commune, il mangeait seul, séparé de la compagnie de ses frères, et était privé de sa portion de vin jusqu'à ce qu'il se fût corrigé de sa négligence.

On traitait de la même manière le moine qui se levait de table avant que le verset *memoriam*, qui se disait après le repas, n'eût été dit.

« Que qui que ce soit ne se donne la liberté de boire ou manger hors des temps et des heures déterminées.

« Que si quelqu'un faisait difficulté de recevoir ce qui lui aurait été présenté de la part ou de la main du supérieur, on lui refusera de lui donner la même chose ou quelqu'autre semblable lorsqu'il la désirera, jusqu'à ce qu'il ait appris à être plus simple et plus soumis. »

L'abbé mangeait toujours avec les hôtes et les voyageurs, et lorsqu'il n'y en avait pas dans le monastère, il pouvait appeler à sa table ceux qu'il lui plaisait y admettre parmi les moines ; néanmoins, il devait toujours laisser à la table de la communauté un ou deux des plus anciens, pour y maintenir la discipline,

Soit qu'il dînât à midi ou à deux heures, qu'il fît un seul ou deux repas, chaque moine recevait la même quantité de nourriture : deux portions cuites « afin de condescendre aux dispositions différentes des particuliers, en sorte que celui qui ne pourra pas s'accommoder de l'un de ces mets mange de l'autre. Il suffit donc de donner aux frères ces deux portions cuites ; si, néanmoins, on peut avoir quelques fruits ou quelques légumes nouveaux, on pourra en ajouter une troisième.

« Il suffira de donner seulement par chaque jour à chaque frère une livre de pain à bon poids, soit qu'il n'y ait qu'un repas ou qu'il y en ait deux, car, au cas que les frères soupent, le cellérier aura soin de leur réserver pour leur souper la troisième partie de la livre de pain qu'on leur aura donné.

« S'il se trouvait que les frères eussent été appliqués à de grands travaux, il sera au pouvoir du supérieur d'y ajouter quelque chose, s'il le juge nécessaire, en prenant toujours garde qu'il ne commette quelqu'excès, afin qu'aucun des frères n'en ressente de ces indigestions qui en sont les suites ordinaires, parce qu'il n'y a rien de si opposé à la tempérance dans laquelle un chrétien doit vivre, que l'excès du manger, selon la parole de Notre Seigneur, qui dit : *Prenez garde que vos cœurs ne s'appesantissent par l'intempérance dans le boire ou dans le manger.*

« On ne suivra pas la même règle à l'égard des enfants ; on leur en donnera moins qu'à ceux qui sont plus avancés en âge, pour garder en tout une tempérance exacte.

« Pour ce qui est de la chair des animaux à quatre pieds, l'abstinence en sera étroitement gardée par tous les frères, à l'exception des malades et de ceux qui se trouveraient dans de grandes faiblesses.

« Chacun a reçu de Dieu un don qui lui est propre, en sorte que la disposition de l'un n'est pas celle de l'autre. C'est ce qui fait que ce n'est pas sans scrupule que nous établissons des règles pour la nourriture des autres.

« Néanmoins, ayant égard à la qualité des personnes faibles, nous estimons qu'un demi-setier de vin par jour peut suffire à chaque frère. Ceux qui ont reçu de Dieu la grâce de s'en passer doivent savoir qu'ils en recevront une récompense particulière.

« Si, néanmoins, la situation du lieu, la nature des travaux, la chaleur de l'été exigent quelque chose davantage, il dépendra du supérieur de l'accorder, se souvenant toujours qu'on ne doit commettre aucun excès ni dans le boire, ni dans le manger. Quoique nous lisions que le vin ne convient point aux moines ; cependant, comme dans nos temps il n'est pas possible de le leur persuader, au moins, si nous accordons quelque chose en cela, que ce soit en petite quantité et en gardant toute la tempérance nécessaire, puisqu'il est écrit que *l'usage du vin porte même les plus sages à abandonner Dieu.*

« Que si le monastère était si pauvre ou que l'on fût dans un pays où le vin fût si rare, que non-seulement on ne pût pas fournir cette mesure que nous avons réglée, mais qu'il fallût se passer de beaucoup moins, ou même qu'il n'y en eût pas du tout, il faut que ceux qui se trouvent dans cet état en louent Dieu et qu'ils demeurent en paix au lieu de murmurer et de s'en plaindre ; sur quoi nous vous avertissons par-dessus toutes choses de ne vous laisser jamais aller au murmure. »

Les moines devaient garder continuellement le silence le plus absolu, particulièrement aux heures de la nuit. En tout temps, aussitôt le repas pris, ils devaient s'asseoir tous dans un même lieu et l'un d'entre eux lisait les Conférences des anciens solitaires rassemblés par Cassius, les *Vies des Pères* ou quelque chose qui put leur donner de l'édification, à l'exception des sept premiers livres de la BIBLE et des livres des ROIS, parce qu'une telle lecture était jugée inutile alors aux esprits faibles, quoiqu'on pût la faire à d'autres heures. Aux autres jours de jeûne, peu de temps après vêpres, les moines devaient, sans différer, aller à la lecture, et pendant qu'un d'eux lisait quatre ou cinq feuillets, ils devaient tous s'assembler pour, une fois réunis, dire ensemble complies, et aussitôt qu'elles étaient achevées, le silence reprenait sans aucune exception, et s'il arrivait à l'un des moines de parler, il encourait une punition rigoureuse, à moins toutefois que ce fût pour répondre aux hôtes du monastère, ou que l'abbé ordonnât quelque chose à l'un des frères « ce qu'il ne devait faire qu'avec toute sorte de retenue, de modestie et d'honnêteté. »

Aussitôt que le signal de l'office divin s'était fait entendre, les moines devaient abandonner toute occupation, laisser ce qu'ils pouvaient tenir en main et se rendre avec toute la diligence possible au chœur, tout en gardant la gravité et la modestie exigées.

Si l'un d'eux arrivait pour l'office de la nuit

après le *gloria Patri* du pseaume 94, il n'occupait pas au chœur sa place accoutumée ; il se tenait à la dernière place ou dans quelqu'autre endroit que l'abbé désignait spécialement pour ceux qui commettaient ces sortes de négligence, « afin qu'étant exposé aux yeux de l'abbé et à ceux de tous les frères, jusqu'à ce que l'office soit achevé, il répare sa faute par cette satisfaction publique. Or, nous avons jugé à propos de le mettre à part ou dans la dernière place, afin qu'au moins la honte qu'ils auront d'être vus de tout le monde les oblige à se corriger de leur paresse ; car s'ils demeuraient hors de l'église, il s'en rencontrerait peut-être quelqu'un qui irait se recoucher pour dormir ou qui, se tenant assis au dehors, à son aise, s'amuserait à badiner et donnerait au démon une occasion de le tenter ; il vaut donc mieux qu'il soit dans le chœur, afin qu'il ne perde pas l'office tout entier, mais qu'il ne laisse pas de porter la peine de son péché. »

Si c'était à l'office du jour que le moine fût en retard, c'est-à-dire qu'il n'arrivât qu'après le verset *Deus, in adjutorium,* il subissait la même punition, à moins que l'abbé ne l'autorisât à prendre place au chœur, auquel cas il devrait être puni d'une autre façon.

L'oisiveté est l'ennemi des âmes, dit saint Benoît, et c'est pour cette raison que les moines devaient donner une partie de leur temps au travail manuel et une autre à la lecture des choses saintes ; ces diverses occupations étaient réglées de la manière suivante :

« Depuis la fête de Pâques jusqu'aux calendes d'octobre, les frères sortant le matin, travailleront aux choses qui se trouveront nécessaires depuis la première heure du jour (4 h. du matin) jusque vers la quatrième (9 h.), et depuis la quatrième, ils s'occuperont à la lecture à peu près jusqu'à la sixième (midi), après laquelle ayant dîné, ils iront se reposer sur leur couche dans un profond silence.

« Que s'il y en a quelqu'un qui ait envie de lire en particulier, il le pourra faire, pourvu que ce soit sans incommoder personne.

« On dira nones plutôt qu'à l'ordinaire, dans le milieu de la huitième heure, et on travaillera ensuite jusqu'au soir.

« Que si les frères se trouvent obligés, par la disposition du lieu ou par la pauvreté du monastère, de s'employer à faire la moisson, cela ne les doit point affliger, puisque ce sera pour lors qu'ils seront véritablement moines, quand ils vivront du travail de leurs mains, selon l'exemple des apôtres et de nos pères. Il faut néanmoins que toutes choses se fassent avec modération pour le soulagement des faibles.

« Depuis les calendes d'octobre jusqu'au commencement du carême, les frères liront jusqu'à la seconde heure toute pleine ; alors on lira tierces et puis chacun s'appliquera jusqu'à la neuvième heure au travail qui lui aura été marqué.

« Au moment qu'ils entendront le premier coup de nones, ils quitteront tous leur travail pour se tenir prêts au second coup, et après qu'ils se seront levés de table, ils s'occuperont surtout à leurs lectures ou à apprendre des pseaumes.

« Durant tout le carême, ils liront le matin jusqu'à la troisième heure complète et ils travailleront ensuite jusqu'à la fin de la dixième.

« Au commencement du carême, on donnera à chacun des frères un livre tiré de la bibliothèque, qu'il lira de suite ou tout entier, et surtout on ne manquera pas de commettre un ou deux frères pour aller dans tous les endroits du monastère, au temps de la lecture, afin de prendre garde qu'il n'y ait quelqu'un qui ait assez de paresse pour passer son temps ou à badiner ou à ne rien faire, au lieu de l'employer comme il le doit à la lecture, et qui, non-seulement se nuise à lui-même, mais encore qui tire les autres de leur devoir. Et si, par hasard, il s'en trouvait quelqu'un qui se fût laissé aller à cette négligence, (ce que Dieu empêche), on l'en reprendra jusqu'à deux fois, et s'il manque à s'en corriger, on le châtiera d'une punition régulière et avec une rigueur qui puisse donner de la crainte au reste de ses frères.

» Un frère ne se trouvera jamais avec un autre frère aux heures indues. Ils passeront le dimanche dans la lecture, à l'exception de ceux qui auront des offices et des occupations particulières.

« Que s'il se rencontrait quelqu'un dont la paresse et la lâcheté fut si grande, qu'il ne voulût ou ne pût ni s'appliquer, ni lire, on l'emploiera à quelqu'autre travail, afin qu'il ne demeure pas dans l'oisiveté.

« Pour ce qui regarde les personnes infirmes ou délicates, on leur donnera des occupations et des travaux proportionnés à leur faiblesse, afin de les tirer de l'inutilité, sans toutefois les accabler et sans leur donner sujet d'abandonner leur entreprise.

« Ce sera l'abbé qui jugera de leur disposition. »

Le costume des moines variait selon la nature des lieux et la température ; c'était, dans chaque abbaye, l'abbé qui avait le soin de préciser ce qui était nécessaire à l'habillement de ses moines.

Ceux de l'abbaye de Fécamp recevaient une robe qui se mettait immédiatement sur la chair et une coulle (sorte de froc, avec cette différence que la pointe du capuce était sur la tête et que les manches étaient plus étroites ; elle n'était pas plissée non plus), « laquelle, en hiver, sera plus neuve et plus chargée de poil et, en été, plus rase et plus usée, avec un scapulaire (sorte d'habillement qui couvrait la tête et les épaules, de la forme du camail des ecclésiastiques, sauf qu'il ne descendait pas si bas et que le capuce était en pointe), pour s'en servir pendant le travail au lieu et place de la coulle. Ils auront pour leurs chaussures des chausses et des souliers (proprement des sandales.)

« Les frères ne se mettront point en peine de quelle couleur (blanche ou noire naturel) sont leurs habits ni si l'étoffe en est grossière, mais on l'achètera telle qu'elle se rencontrera dans le pays et le meilleur marché que l'on pourra. L'abbé donnera ordre à la mesure des vêtements et prendra garde qu'ils ne soient pas trop courts, mais proportionnés à la taille de ceux qui les portent. Toutes les fois que l'on en prendra de neufs, on rendra les autres dans le moment même et on les mettra dans le vestiaire pour les donner aux pauvres ; car il suffit aux frères d'avoir deux robes et deux coulles, soit pour en changer la nuit, soit pour les laver ; tout ce qu'on pourrait avoir au delà est inutile et doit être retranché. Ils rendront aussi leurs chaussures et généralement toutes leurs vieilles hardes quand on leur en donnera de neuves. »

Ceux qui allaient en voyage prenaient des hauts-de-chausses au vestiaire et les rendaient à leur retour, après les avoir lavés (car on n'en portait pas dans le monastère.) Les robes et les coulles qu'ils portaient dans leurs voyages devaient être « meilleures et plus honnêtes » que celles dont ils étaient accoutumés de se servir, et on les tirait du vestiaire pour les y remettre lorsqu'ils étaient revenus.

Les moines avaient droit aussi à un caleçon (proprement et à la lettre un morceau d'étoffe ou de toile qui touchait à la chair et qui servait au même usage que nos caleçons d'aujourd'hui (1), à un couteau, à des tablettes et un poinçon (c'est-à-dire du papier avec une plume et de l'encre (2), une aiguille à coudre, un mouchoir.

L'abbé, se souvenant de cette instruction des Actes des apôtres : *on donnait à chacun selon ce qui lui était nécessaire*, devait toutefois considérer les infirmités de ceux qui ont de véritables besoins, sans avoir égard à la mauvaise volonté de ceux qui en pouvaient avoir de la jalousie (3).

Lorsqu'il y avait dans le monastère quelques moines ayant une profession utile à la communauté, ils la pouvaient exercer avec l'autorisation de l'abbé ; mais ils devaient le faire avec toute l'humilité possible, et s'il se trouvait quelqu'un

---

(1) Nouvelle version de la règle de saint Benoît, 1699.
(2) Idem.
(3) En 1224, Guillaume de Vaspail, 9e abbé de Fécamp, fit la remarque que les moines ayant continuellement la tête nue dans un pays humide et si rapproché de la mer, en étaient souvent incommodés, et obtint du pape la permission pour eux de faire usage d'une espèce de capuchon pendant le service divin.

qui voulût se prévaloir de ses connaissances spéciales, de son adresse et de l'utilité que ses frères tiraient de son savoir, on lui retirait son métier et on lui défendait de s'y livrer, jusqu'à ce que l'abbé le jugeant assez repentant permît qu'il travaillât de nouveau.

Ceux qui vendaient les ouvrages faits au monastère devaient « prendre garde de se conserver les mains nettes et de n'y commettre aucune fraude. Ils se souviendront de la punition d'Ananie et de Saphire, de crainte que s'ils manquaient de se conduire en cela avec un désintéressement et une pureté parfaite, eux et tous ceux qui tomberaient dans la même infidélité ne reçussent dans leurs âmes le coup de la mort, comme les autres le reçurent dans leurs corps.

« Que ce ne soit donc pas l'avarice qui mette le prix aux choses que l'on vendra, mais qu'on les donne à meilleur marché que le font les gens du monde, afin que Dieu soit glorifié en toutes choses. »

Pendant la saison d'hiver, c'est-à-dire à partir du 1ᵉʳ novembre à Pâques, les moines bénédictins se levaient à deux heures après minuit, « réglant cette heure par proportion de l'accroissement ou de la diminution des nuits, afin que l'on puisse porter le temps du repos un peu au delà de la moitié de la nuit, et que, pour lors, la digestion étant faite, les frères se trouvent dans le dégagement nécessaire. »

Les matines dites, le reste de la nuit devait être employé à apprendre les pseaumes et les leçons dont ils pouvaient avoir besoin.

Depuis Pâques jusqu'au 1ᵉʳ novembre, « on réglera l'heure de l'office de la nuit de telle sorte qu'après quelques moments, pendant lesquels les frères pourront sortir pour les nécessités indispensables, on commence l'office du matin (laudes), qui se doit dire au point du jour.

Voici maintenant en quoi se composaient les offices :

Pendant l'hiver, on commençait l'office par le verset *Deus, in adjutorium meum intende; Domine, ad adjurandum me festina.*

Ensuite on disait trois fois *Domine labia mea aperies, et os meum annuntiabit laudem tuam*, à quoi on ajoutait le troisième pseaume avec le *gloria*.

Puis on chantait le pseaume 94, où, tout au moins, on le récitait, après quoi on disait l'hymne qui était suivi de six pseaumes avec leurs antiennes.

Ces chants terminés et le verset dit, l'abbé donnait sa bénédiction, et tous les moines assis sur leurs siéges, lisaient tour à tour trois leçons dans le livre placé sur le chapitre, et, après chacune d'elles, on chantait un répons ; les deux premiers n'étaient pas suivis du *gloria Patri* qui ne se disait qu'après la troisième leçon par le chantre, et au moment qu'il le commençait, tous les moines se levaient de leurs siéges « pour marquer l'honneur et la révérence qu'ils devaient à la sainte Trinité. »

On lisait à l'office de la nuit les livres des saintes écritures, tant de l'Ancien que du Nouveau Testament, et les expositions qui en ont été faites par les docteurs les plus célèbres de l'Eglise et par les pères orthodoxes et catholiques.

Ensuite de ces trois leçons et de ces répons, on chantait six autres pseaumes avec *alleluia*.

Puis on y joignait une leçon de l'apôtre, que l'on disait par cœur, puis le verset et la prière, c'est-à-dire *Kyrie, eleison*, qui terminait ainsi l'office.

Depuis Pâques jusqu'au 1er novembre, on gardait dans la psalmodie et dans le nombre des pseaumes l'ordre ci-dessus, avec cette différence que les nuits étant plus courtes, on ne lisait pas de leçons dans le livre, mais à la place des trois leçons d'hiver, on en disait seulement une de l'Ancien Testament et par cœur, suivie d'un répons bref; pour tout le reste, rien n'était changé et on ne devait jamais dire moins de douze pseaumes.

Les dimanches, des règles particulières étaient établies pour les offices.

Les moines se levaient un peu de meilleure

heure que les autres jours. Après avoir chanté six pseaumes, le verset dit et les moines assis selon leur rang sur leurs siéges, on lisait quatre leçons avec leurs répons, et le chantre ajoutait au quatrième seulement le *gloria Patri*, et tous devaient alors se lever de leurs siéges avec respect.

Les leçons étant finies, on disait six autres pseaumes avec leurs antiennes comme les précédents et le verset, puis on lisait encore quatre leçons avec leurs répons. On y ajoutait trois cantiques tirés des Ecrits des prophètes, comme il plaisait à l'abbé de les régler, et on les chantait avec *alleluia*, on disait le verset et l'abbé ayant donné sa bénédiction, on lisait quatre autres leçons prises dans le Nouveau Testament, et le quatrième répons étant achevé, l'abbé commençait l'hymne *Te decet laus* et, la bénédiction étant donnée, on commençait l'office du matin.

Cet ordre de l'office de la nuit pour le dimanche s'observait en tout temps, hiver comme été, « si ce n'est que par malheur (ce que Dieu ne permette pas) on se levât plus tard qu'il n'est ordonné et que l'on fût obligé de retrancher quelque chose des leçons ou des répons, ce qu'on doit néanmoins éviter avec tout le soin possible ; que si ce désordre arrivait, celui qui en aurait été la cause par sa négligence, sera puni, dans l'Eglise même, d'une manière digne de sa faute. »

On commençait l'office du matin, tous les dimanches, par le 66ᵉ pseaume, que l'on récitait simplement sans antienne. On disait ensuite le pseaume 50 avec *alleluia*, puis le pseaume 117 et le 62, le cantique de *Benedicite* et les pseaumes de *Laudate*. On y ajoutait une leçon de l'Apocalypse, qui se récitait par cœur, le répons, l'hymne et le verset, le cantique de l'évangile, enfin la prière pour terminer.

Voici comment se disait l'office du matin pour les autres jours de la semaine :

On commençait par le pseaume 66, on le disait sans antienne, comme le dimanche, et un peu lentement, afin que les moines eussent le temps de se trouver au pseaume 50, qui se disait avec l'antienne. Ce pseaume était suivi de deux autres, selon la coutume, savoir : le lundi, le 5ᵉ et le 35ᵉ ; le mardi, le 42ᵉ et le 56ᵉ ; le mercredi, le 63ᵉ et le 64ᵉ ; le jeudi, le 85ᵉ et le 89ᵉ ; le vendredi, le 75ᵉ et le 91ᵉ, et le samedi, le 142ᵉ avec le cantique du Deutéronome, que l'on divisait en deux, disant le *gloria* à la fin de chaque partie.

Les autres jours, on prenait le cantique tiré des prophètes que l'église romaine a accoutumé de chanter chaque jour ; ensuite, on disait les pseaumes de louanges, une leçon de l'apôtre par cœur, le répons, l'hymne, le verset, le cantique de l'évangile et on finissait par la prière.

On ne devait jamais terminer l'office du matin et du soir (laudes et vêpres), que le supérieur ne dise à la fin et ne prononce tout haut l'oraison dominicale, de façon que tout le monde l'entendît, afin que les moines « étant pressés par l'engagement contenu dans ces paroles : *Pardonnez-nous nos offenses comme nous pardonnons celles qu'on nous a faites*, se préservent des scandales et des dissensions qui ont coutume de se former dans les monastères, comme les épines dans les campagnes. »

Aux autres heures de l'office, on se contentait de dire tout haut la dernière partie de cette prière, de façon que le chœur pût répondre : *Sed libera nos à malo*.

L'office des dimanches était celui des jours de fêtes des saints, avec cette unique différence, que l'on disait les pseaumes, les antiennes et les leçons du jour.

On sait que le prophète a dit : *Seigneur, j'ai chanté vos louanges sept fois le jour*; c'est pour se conformer à cet exemple que les bénédictins accomplissaient ce nombre consacré de sept, en célébrant l'office divin le matin, au point du jour, à la première heure, c'est-à-dire au lever du soleil, à la troisième (huit heures du matin dans le solstice d'été, dix dans celui de l'hiver, neuf aux équinoxes), à la sixième, c'est-à-dire à midi, à la neuvième, correspondant à quatre heures de l'après-midi dans le solstice d'été, à deux heures dans celui d'hiver et à trois aux époques équinoxiales, au soir et à la fin de toute la journée, « parce que c'est de ces heures que le prophète a voulu parler quand il a dit : J'ai chanté vos louanges sept fois le jour. »

« Je me levais dans le milieu de la nuit pour louer votre saint nom », a dit aussi le prophète, et c'est pourquoi les moines se levaient pour donner à Dieu des témoignages de leur adoration et de leur culte.

Après avoir prescrit l'ordre qu'il fallait observer aux offices de la nuit et du matin, la règle de l'abbaye déterminait celui des autres exercices de piété.

On commençait primes par le verset *Deus, in adjutorium meum intende;* on disait l'hymne ensuite, puis trois pseaumes séparés par le *gloria Patri*, on y ajoutait une leçon, un verset, *Kyrie, eleison* et on finissait par le *Pater*.

Le même ordre s'observait à l'office de tierces, de sextes, de nones : on les commençait par un verset, on disait l'hymne de ces heures, suivie de trois pseaumes, de la leçon, du verset, de *Kyrie, eleison* et du *Pater*.

On disait quatre pseaumes avec antiennes à l'office du soir, ensuite la leçon, le répons, l'hymne, le verset, le cantique de l'évangile, le *Kyrie* et l'oraison dominicale pour finir. A complies : trois pseaumes d'une manière simple et sans antienne ; ces pseaumes étaient suivis de l'hymne propre à cette heure, de la leçon, du verset, du *Kyrie*, du *Pater* et de la bénédiction, après laquelle chacun se retirait.

DE LA RÉCEPTION DES MOINES

La règle primitive exigeait, lorsque quelqu'un se présentait au monastère dans le dessein de s'y engager, qu'on ne lui en accordât pas facilement l'entrée ; mais on faisait selon les paroles de l'apôtre : éprouvez les esprits pour reconnaître s'ils sont de Dieu, c'est-à-dire qu'on le laissait patiemment frapper à la porte pendant quatre ou cinq jours, tout en lui procurant les plus mauvais traitements qu'on pouvait imaginer et en lui offrant l'accueil le plus détestable.

Puis, lorsqu'on avait remarqué que, loin de se rebuter, il persistait à vouloir entrer, on lui ouvrait d'abord les portes du logement des hôtes où il restait pendant deux mois ; puis, ensuite, il était admis dans celui des novices, où il prenait ses repas, couchait et faisait tous ses exercices spirituels.

On lui donnnait pour le conduire un ancien qui

fût propre à gagner les âmes à Jésus-Christ, lequel veillait sur lui pour remarquer s'il cherchait Dieu purement, s'il se portait avec ferveur à l'office divin et à l'obéissance, et s'il aimait les actions et les choses qui rabaissent ou humilient.

On lui déclarait ce qu'il y a à souffrir de dur, de pénible et d'amer dans le chemin qui conduit au ciel, et s'il déclarait persister dans le dessein de s'engager, après les deux mois d'épreuve, on lui lisait et expliquait la règle en lui disant : Voici la loi sous laquelle vous désirez combattre, si vous vous croyez capable de l'observer, entrez ; sinon, vous êtes encore libre, retirez-vous.

S'il persévérait dans sa résolution, on le menait dans le logement des novices et on continuait à l'exercer dans tout ce qui pouvait éprouver sa patience, et six mois plus tard on lui lisait encore la règle, afin qu'il sût bien ce qu'il devait se proposer de faire dans la vie qu'il embrassait, et s'il demeurait toujours dans les mêmes dispositions d'esprit, quatre mois après on la lui relisait pour la troisième fois, et enfin, si, après avoir mûrement réfléchi, il promettait garder et observer cette règle dans tout son contenu, l'exécuter selon toutes les prescriptions qui y étaient établies, il était reçu parmi les membres de la communauté et il était averti que, dès ce jour, il se trouvait soumis à la règle, et qu'il ne lui était plus permis de quitter le monastère et de secouer le joug de cette même règle de laquelle il avait fait profession, ayant eu tout le temps nécessaire pour se déterminer à prendre l'engagement qu'il avait sollicité ou à s'en dispenser.

Le novice, en faisant profession, promettait publiquement, dans l'église, stabilité, conversion de mœurs et obéissance, en la présence de Dieu et de ses saints, afin qu'il ne pût ignorer que s'il lui arrivait jamais de manquer à sa promesse, il serait « condamné de Dieu, duquel il se moque. »

« Il fera sa promesse sous le nom des saints dont on aura les reliques et sous celui de l'abbé qui sera présent, il l'écrira de sa main, ou il se servira de la main d'un autre qu'il priera de lui rendre cet office, s'il ne sait pas écrire, et après y avoir fait un signe, il la mettra lui-même sur l'autel et aussitôt il chantera ce verset : *Suscipe me, Domine, secundùm eloquium tuum, et vivam, et non confundas me ab exspectatione meâ,* que toute la communauté répétera après lui jusqu'à trois fois, en y ajoutant *gloria Patri*. Il se prosternera ensuite aux pieds de tous les frères, l'un après l'autre, afin qu'ils lui accordent le secours de leurs prières, et, dès ce jour, il doit être considéré comme étant du corps de la communauté.

« S'il a quelques biens, il faut qu'il les donne aux pauvres avant que de faire profession, ou qu'il fasse une donation au monastère par un acte public, sans s'en rien réserver; car il doit savoir que, dès cet instant, il ne peut plus même disposer de son propre corps.

« C'est pourquoi, dans ce moment même, on lui ôtera les habits du siècle dont il était revêtu et on lui donnera ceux du monastère. Cependant, on conservera dans le vestiaire les habits qu'il aura quittés, afin que s'il arrivait jamais (ce que Dieu ne permette pas) que, par l'instigation du démon, il sortît du monastère, on puisse lui rendre ce qui était à lui, le dépouiller de ce qui est à la maison et l'en chasser.

« Pour la cédule de la profession qu'il a mise sur l'autel et que l'abbé a retirée, elle ne lui sera point rendue et on la gardera dans le monastère. »

On le voit, en entrant dans l'abbaye, le moine ne pouvait plus rien posséder; n'est-il pas écrit dans les Actes des apôtres : que nul ne s'attribue rien comme étant à soi propre ; mais le monastère, collectivité d'individus formant une unité indivisible et sans cesse perpétuée par de nouvelles assimilations, conservait la propriété, principe fécond et base éternelle de toute société humaine ; ce fut une propriété commune qui se transforma selon les époques.

L'abbaye primitive, telle que l'établit saint Benoît, devint riche par le travail manuel, l'abbaye du moyen âge devint puissante par l'importance de ses possessions et l'abbaye du XVIII⁰ siècle excita l'envie par ses richesses multiples, fruits du labeur de l'autorité féodale et d'une perpétuelle acceptation de libéralités de toute espèce.

Il était absolument défendu aux moines de donner ou de recevoir des présents de quelque nature qu'ils fussent, sans une permission expresse de l'abbé, et si quelqu'un d'entre eux recevait quoi que ce soit d'un parent avec permission de l'abbé, celui-ci se réservait le droit, le présent accepté, de le donner à qui bon lui semblait, sans que le moine auquel il était destiné eut le droit d'en manifester le moindre mécontentement, sous peine d'être sévèrement puni.

« Qu'on ait un soin principal de retrancher dans le monastère, jusqu'à la racine, le vice de la propriété, et qu'aucun des frères n'ait la hardiesse de donner ou de recevoir la moindre chose sans la permission de l'abbé, ni de retenir en propre quoi que ce soit, non pas même un livre, des tablettes, un poinçon, enfin rien au monde, puisqu'il ne leur est pas seulement permis d'avoir ni leur corps ni leur volonté dans leur puissance ; mais ils doivent espérer ce qui peut leur être nécessaire de la charité du père de la communauté et n'avoir jamais rien qu'ils ne le tiennent de sa main ou de sa permission. Tout doit donc être commun entre les frères, selon ce qui est écrit, et nul ne doit avoir la témérité de dire qu'une chose lui appartienne.

« Que s'il s'en trouvait quelqu'un qui fût porté et se laissât aller à ce vice si détestable, on l'en reprendra jusqu'à deux fois, et s'il ne s'en corrige, on le punira rigoureusement de sa faute. »

Ces prescriptions rigides imposées aux moines bénédictins étaient plutôt le résultat de la recherche absolue d'une vie perfectionnée et ramenée autant que possible aux stricts besoins qu'elle comporte, que le dessein de chercher dans ces privations l'âpre jouissance de la mortification ou de la pénitence; car, à côté de ces rigueurs, la règle prévoit les nécessités de ceux qui ont plus que d'autres droit à certains égards. « On doit donner à chacun selon ses besoins, dit-on dans les Actes des apôtres, et on se conforme à ce précepte.

« Qu'on ait égard aux infirmités, en sorte que celui qui peut se passer de moins que les autres en rende grâces à Dieu et n'en ait aucune peine, et qu'au contraire, celui qui a besoin qu'on lui donne davantage, s'humilie de son infirmité, et qu'il ne lui arrive jamais de s'élever des grâces qu'on lui accorde. »

Aux recommandations que nous venons d'indiquer et qui formaient le fond de l'instruction abbatiale déterminée par la règle, les membres de l'abbaye de la Sainte-Trinité devaient encore pratiquer « les instruments des bonnes œuvres », détaillés comme suit :

1. Le premier est d'aimer Dieu de tout son cœur, de toute son âme et de toute sa puissance.
2. Ensuite aimer son prochain comme soi-même.
3. Après, ne point tuer.
4. Ne commettre point de fornication.
5. Ne point dérober.
6. N'avoir point de mauvais désirs.
7. Ne point porter faux témoignage.
8. Honorer toutes sortes de personnes.
9. Ne faire à autrui ce que nous ne voudrions pas qu'on nous fît.
10. Renoncer entièrement à soi-même pour suivre Jésus-Christ.
11. Châtier son corps.
12. Fuir les délices.
13. Aimer le jeûne.
14. Assister les pauvres.
15. Vêtir ceux qui sont nus.
16. Visiter les malades.
17. Ensevelir les morts.
18. Secourir ceux qui sont dans l'oppression.
19. Consoler les affligés.
20. S'éloigner de la conduite et des maximes des gens du monde.

21. Ne rien préférer à l'amour de Jésus-Christ.
22. Résister aux mouvements de la colère.
23. Ne se point réserver un temps pour la vengeance.
24. Ne point nourrir en son cœur ni fraude ni tromperie.
25. Ne point donner des marques d'amitié qui ne soient sincères.
26. Ne se séparer jamais de la charité.
27. Ne point jurer, de crainte de tomber dans le parjure.
28. Dire la vérité, de cœur comme de bouche.
29. Ne point rendre le mal pour le mal.
30. Ne faire injure à personne, mais la souffrir patiemment quand on nous la fait.
31. Aimer ses ennemis.
32. Ne point dire de mal de ceux qui en disent de nous, et n'avoir pour eux que des sentiments de bénédiction.
33. Souffrir persécution pour la justice.
34. N'être point superbe,
35. Ni adonné au vin,
36. Ni intempérant,
37. Ni endormi,
38. Ni paresseux,
39. Ni murmurateur,
40. Ni médisant.
41. Mettre toute sa confiance en Dieu.

42. Si on aperçoit quelque bien en soi-même, le donner à Dieu et ne le se point attribuer.
43. S'imputer au contraire tout le mal que l'on fait et s'en croire la cause.
44. Craindre le jour du jugement.
45. Regarder l'enfer avec frayeur.
46. Désirer la vie éternelle de toute l'étendue de sa charité.
47. Avoir chaque jour la mort devant les yeux, comme étant prête de nous surprendre.
48. Veiller sur ses actions dans tous les moments de sa vie.
49. Etre persuadé qu'il n'y a point de lieu où Dieu ne nous regarde.
50. Rejeter toutes les mauvaises pensées qui nous viennent, les briser dans le moment qu'elles naissent, contre la pierre, qui est Jésus-Christ,
51. Et les découvrir au père spirituel.
52. Garder sa langue de tout discours désordonné.
53. Ne pas aimer à parler beaucoup.
54. Ne dire ni paroles vaines, ni qui puissent porter à rire.
55. N'aimer pas à rire beaucoup ni d'une manière immodeste.
56. Entendre avec plaisir les saines lectures.

57. Prier souvent.
58. Confesser chaque jour à Dieu, dans la prière, avec gémissements et avec larmes, les dérèglements de sa vie passée et s'en corriger avec soin.
59. Ne point consentir aux désirs que la chair et le sang peuvent inspirer.
60. Haïr sa volonté propre.
61. Obéir en toutes choses aux ordres de l'abbé, quand même (ce que Dieu ne permette pas) il ne ferait pas ce qu'il enseigne, se souvenant de ce commandement du Seigneur : *Faites ce qu'ils disent et non pas ce qu'ils font.*
62. Ne pas vouloir être estimé saint avant qu'on le soit, mais l'être en effet, afin qu'on mérite d'être estimé tel.
63. Exprimer chaque jour les commandements de Dieu dans ses œuvres.
64. Aimer la chasteté.
65. Ne haïr personne.
66. N'être ni envieux ni jaloux.
67. Ne point aimer les contestations.
68. Fuir l'élèvement de la vaine gloire.
69. Révérer ses anciens.
70. Aimer ses inférieurs.
71. Prier pour ses ennemis, par l'amour que l'on a pour Jésus-Christ.

72. Se réconcilier avant que le soleil se couche avec ceux qui ont quelque différend avec nous,
73. Et ne désespérer jamais de la miséricorde de Dieu.

Il reste à préciser en quel temps la règle de saint Benoît fut apportée en France ; selon le père Yepez, ce fut saint Maur qui apporta et propagea l'ordre de saint Benoît, dont l'observance fut en vigueur à l'abbaye de Fécamp dès son origine, ainsi que le témoigne Angradus dans la *Vie de saint Ansbert*.

CHAPITRE II

Les commencements de l'Abbaye. — Les miracles. — Beau trait des Religieuses. — La légende du Précieux-Sang. — Arrivée des Chanoines. — Leur mauvaise conduite. — Les Bénédictins les remplacent. — Protection que leur accordent les Ducs de Normandie. Ses Abbés. — Prospérité de l'Abbaye. — Ses biens en Angleterre. — Les guerres. — Les Moines soldats. — Azincourt. — L'occupation anglaise. — L'Abbaye redevient maîtresse d'elle-même. — Son dernier Abbé régulier.

L'Abbaye de Fécamp date de 665 ; mais, antérieurement à cette époque, il existait déjà trace d'un établissement religieux. Peu de temps après l'invasion saxonne, le missionnaire romain Bozon, envoyé au pays des Calètes (pays de Caux) pour y prêcher le christianisme, avait élevé un tumulus ou espèce d'autel dans le bois de Fécamp, il l'avait abrité par des planches et des branches d'arbres, et cet oratoire rustique avait été placé sous l'invocation de la sainte Trinité.

Tel fut le germe du célèbre monastère qui devait plus tard dominer tout le pays.

Après que Clovis se fut emparé du nord de la

Gaule, le territoire de la ville de Fécamp devint la propriété d'un comte tudesque du nom d'Ansegise qui, chassant un jour dans ses bois, fut tout surpris d'y découvrir un autel devant lequel le cerf qu'il chassait s'était soudainement arrêté.

Il interrogea les gens de sa suite, qui lui répondirent que cet oratoire était un lieu de dévotion pour les chrétiens, et il prit immédiatement la résolution de le remplacer par un édifice plus digne du culte auquel il était consacré.

Mais, tout disposé que fut Ansegise à tenir sa parole, la mort l'empêcha de mettre son projet à exécution, et ce fut à peine si quelques travaux insignifiants furent commencés à la chapelle que le temps ruina, puis fit disparaître au milieu des ronces et des épines qui, croissant abondamment dans ce lieu, finirent par recouvrir toute trace de construction.

Les choses restèrent en cet état jusqu'à ce qu'un autre comte, du nom de Waninge, gouverneur du pays de Caux et conseiller intime de Bathilde, veuve du roi de France Clovis II et mère de Clotaire III, fut pris du désir de construire un monastère, et la tradition veut qu'une vision de sainte Eulalie, qu'eut ce personnage, fut l'inspiratrice de ce désir.

Voici comment les chroniqueurs du temps passé racontent le fait :

« Il réceut assurance que Dieu luy prolongeoit la vie de vingt ans, par l'intercession de sainte Eulalie vierge et martyre à laquelle il étoit fort devot et que mesme cette sainte lui apparut et luy ordonna de fonder vn monastère dans sa terre de Fescamp, où il faisoit alors sa demeure, de suivre pour cet effet les ordres de saint Ouën et de prendre garde surtout de ne point confier l'administration de ce conuent à ceux de sa famille. » (1)

Waninge se décida à obéir à cette injonction et édifia le monastère sur l'emplacement où Bozon avait précédemment fait élever sa chapelle.

Le roi Clotaire III fut invité à assister à la cérémonie de la dédicace, et saint Waninge voulut que ce temple, élevé en l'honneur de la sainte Trinité, fut habité par autant de pieuses filles qu'il y a de jours dans l'année.

Trois cent soixante-cinq religieuses y furent donc installées en communauté, sous la direction d'une sainte femme du pays de Caux, nommée Hildemarche, qui avait bâti aux Loges un petit ermitage et avait été supérieure d'un monastère à Bordeaux. Elle prit le titre d'abbesse et se rendit auprès de saint Ouen, afin de recevoir les instructions nécessaires à la direction de son abbaye, qui était encore dans un état prospère, lorsque le prince

---

(1) Hist. des archev. de Rouen, par un relig. bén. Rouen 1667.

Bier, dit Côte-de-Fer, fils du roi de Danemark, vint, sous la conduite de Hasting, ravager le pays de Caux.

L'abbaye de Fécamp et celles de Jumiéges, de Saint-Wandrille et de Saint-Evroul furent brûlées par ces pirates.

Les chroniques du temps nous ont transmis l'acte méritoire des religieuses de l'abbaye de Fécamp à propos de cette invasion des Normands.

Ces saintes filles, averties que les pirates étaient dans les environs et se dirigeaient sur l'abbaye, précédés d'une réputation qui ne laissait aucun doute sur les excès auxquels ils ne manqueraient pas de se porter, résolurent, les unes de s'enfuir, les autres, pour mieux échapper aux outrages qu'elles redoutaient, de se défigurer en se coupant le nez et les lèvres.

Cette mutilation volontaire ne trouva aucune opposition parmi celles qui avaient déclaré vouloir rester au monastère et toutes, avec un courage qu'on ne saurait trop admirer, accomplirent ce douloureux et pénible sacrifice.

Vers les derniers jours d'avril, Hasting et ses compagnons se présentèrent à l'abbaye et leur premier soin fut de s'emparer des religieuses ; mais à la vue de ces visages qui n'avaient plus rien d'humain, ils furent transportés de fureur, et ces barbares, loin d'être désarmés par une si héroïque résolution, ne se montraient animés que du désir d'en tirer une cruelle vengeance et, irrités de ne pouvoir assouvir leur brutale passion, ils massacrèrent les religieuses, brisèrent les autels, s'emparèrent de tous les objets de valeur que renfermait l'abbaye enrichie par les dons des rois et des principaux seigneurs de la Neustrie; puis, lorsqu'ils eurent tout tué, tout saccagé, tout pillé, ils achevèrent leur œuvre de destruction en mettant le feu aux bâtiments, après quoi ils se rembarquèrent et allèrent brûler Rouen le 14 mai.

En 938, Guillaume-Longue-Epée donna des ordres pour la réédification de l'abbaye, qu'il voulut faire construire avec tout le luxe et la magnificence possibles, et de nombreux ouvriers furent occupés à cette reconstruction, qui s'opéra avec une promptitude peu commune alors.

Déjà les murailles étaient achevées, et il était question de la toiture qui, à cette époque, offrait de grandes difficultés d'exécution, lorsque soudain le bruit se répandit dans Fécamp, que la marée venait de jeter sur la plage une quantité de poutres et de sommiers enlevés de l'île de Saint-Marcouf, et qui semblaient avoir été apportés là tout exprès pour être employés à la construction. Il n'en fallut pas plus pour qu'on criât au miracle, et Guillaume, tout joyeux de cet heureux événement, en profita pour terminer au plus vite l'édifice.

Aussitôt qu'il fut achevé, des religieuses, qui habitaient, aux bords de la Somme, un petit monastère où se trouvaient les quelques objets échappés au sac de l'abbaye de Fécamp en 841, conçurent le dessein de prendre possession de la nouvelle abbaye, se fondant sur ce qu'elles étaient les continuatrices des anciennes sœurs, que leur abbesse était la successeur directe de sainte Hildemarche, et qu'elles n'avaient jamais cessé d'être considérées comme les exilées de Fécamp.

Cette réclamation fut favorablement accueillie par Guillaume, et les religieuses furent installées dans l'abbaye, apportant avec elles les archives, les reliques, et tout ce qui avait pu être sauvé de la ruine du monastère primitif.

Peu de temps après, eut lieu la dédicace de l'église. Ce fut l'occasion d'un nouveau miracle, au dire des historiens du temps, qui prétendent qu'au milieu d'une assemblée préparatoire dans le but de déterminer le vocable de la nouvelle maison de Dieu, un ange, sous la forme d'un vieillard à longue barbe blanche, entra dans le sanctuaire, déposa un couteau sur l'autel et, mettant le pied sur une pierre qui en garda l'empreinte, disparut soudain aux yeux de tous.

Sur la lame du couteau, on lisait ces mots : *In nomine sanctæ et individuæ Trinitatis;* toutes les voix furent unanimes à déclarer que c'était un ordre venu d'en haut et transmis par un messager céleste.

L'église fut dédiée à la sainte et indivisible Trinité.

Rien d'important n'est à signaler dans l'histoire de l'abbaye pendant les dernières années de Guillaume, et son fils, Richard-sans-Peur, était encore dans l'adolescence, lorsque, considérant un jour l'aspect modeste de l'abbaye de Fécamp, il se sentit soudain animé du désir de lui rendre sa splendeur passée, et donna les ordres nécessaires pour que les travaux de réédification d'une nouvelle église commençassent immédiatement; puis, désirant se rendre un compte exact de l'importance qu'avait eu jadis l'abbaye, il s'en fit représenter le cartulaire, et son aumônier attira son attention sur une pieuse légende consignée sur parchemin et dont nul n'avait jamais ouï parler.

C'était l'histoire du Précieux-Sang que M. Leroux de Lincy a rapportée tout au long dans son *Essai historique et littéraire sur l'abbaye de Fécamp*, et dont nous extrayons les passages suivants :

« Quand Joseph d'Arimathie eut détaché de la croix le corps inanimé de Jésus-Christ, il s'aperçut que beaucoup de sang restait fixé autour des plaies faites aux pieds et aux mains par les clous, et au flanc par la lance du soldat. Alors, Joseph prit son couteau, retira avec soin tout ce sang et le recueillit précieusement dans son gantelet. Après avoir enseveli et mis dans le sépulcre le corps de Jésus-Christ, Joseph d'Arimathie retourna dans sa maison, et serra la sainte relique, dont il était possesseur, dans un coffret caché à tous les yeux. Il voua dès lors à cette relique un culte profond, quoique secret. Près de mourir, et n'ayant pas d'enfants auxquels il put léguer ce trésor, il le remit à Isaac, son neveu, en lui disant : c'est ici le vrai sang de Jésus que nos pères ont crucifié injustement. Garde-le précieusement, et le Seigneur te sera favorable. Isaac conserva avec un pieux respect ce trésor, pour lequel il eut la même vénération que son oncle : c'était pour lui l'objet d'un culte journalier.

« Dieu agréa son hommage et le combla de bonheur et de richesses. La femme d'Isaac, surprise d'une aussi grande félicité, ne se contenta pas d'en jouir, elle voulut encore en connaître la cause. Isaac lui répondit qu'il n'y avait en cela rien de surnaturel, et que c'était apparemment la volonté du Seigneur. Bien loin de se contenter d'une réponse aussi vague, la femme d'Isaac épia, chaque jour, toutes les actions de son mari, et, l'ayant surpris à genoux et en prière devant la cassette qui renfermait le précieux sang de Jésus-Christ, elle ne douta plus qu'il n'eût de relation avec le malin esprit et qu'il ne fût voué aux pratiques superstitieuses défendues par la loi de Moïse. Cette femme vint aussitôt trouver les princes des prêtres, et accusa devant eux son mari. Isaac, mandé au tribunal, n'hésita pas à s'y présenter ; il nia hautement le crime dont il était accusé, et, prouva si bien son innocence, qu'il fut renvoyé absous ; on l'avertit toutefois de ne rien faire à l'avenir qui pût le rendre suspect d'actions semblables.

« Mais Isaac ne tarda pas à s'apercevoir que sa femme et des juifs qu'il avait pour ennemis, cherchaient toujours à le surprendre et lui tendaient sans cesse de nouveaux piéges. Il prit la résolution d'y échapper ; c'est pourquoi, muni de son trésor, il quitta Jérusalem et se rendit secrètement à Sidon, ville voisine, située au bord de la mer. Mais Dieu ne tarda pas à lui révéler dans un songe, que Titus et Vespasien allaient venir avec plusieurs légions romaines ; qu'ils prendraient Jérusalem, détruiraient le temple et mettraient à feu et à sang toute la contrée. Isaac chercha aussitôt les moyens de sauver la précieuse relique dont il était dépositaire. Ayant rencontré un figuier dont le tronc avait assez d'épaisseur, il s'imagina de le creuser et d'y cacher le précieux sang. Puis, craignant que l'humidité ne portât quelque dommage à cette relique, il l'enferma dans un tuyau de plomb, qu'il prépara pour cet usage. Il y joignit en outre un second tuyau de même métal, dans lequel il enferma le couteau avec lequel il avait ôté le précieux sang des plaies et le fer de la lance dont le Christ avait été frappé. Quand tous ces objets eurent été mis dans le tronc du figuier, l'écorce se rejoignit miraculeusement. Connaissant, par ce prodige, que Dieu approuvait son entreprise, Isaac continua, sans craindre les accusations de sa femme, de rendre au précieux sang le culte qui lui était dû. Un nouveau songe lui fit connaître que la fin du royaume de Judée était proche, et qu'il fallait dérober mieux encore la sainte relique aux coups des vainqueurs. Alors Isaac coupa le figuier immédiatement au-dessus de l'endroit où cette relique était cachée et l'arbre resta dépouillé de ses branches et de ses feuilles. Mais Isaac ne tarda pas à s'apercevoir que l'eau de la mer battait incessamment ses racines et que le tronc ne tarderait pas à être emporté par les flots. Ayant reconnu que telle était la volonté du ciel, Isaac détacha lui-même les restes du figuier et les jeta dans la mer. Le tronc, poussé par les ondes, disparut aussitôt ; Isaac, cependant, resta plongé dans une tristesse profonde, car il craignait que les peuples infidèles n'eussent recueilli le sang précieux du Sauveur. Mais Dieu lui envoya un de ses anges, sous la forme d'un vieillard, qui vint lui dire que le tronc confié par lui à la mer avait, par ordre de

Dieu, été porté au rivage de la Gaule, où il était destiné à recevoir les honneurs que méritaient les saintes reliques renfermées sous son écorce. Heureux de ce message, et ne craignant plus rien pour le dépôt confié à sa garde, Isaac raconta à sa femme et à tous les Juifs l'histoire du précieux sang. Ceux-ci redirent ce miracle, et c'est ainsi que la mémoire en est arrivée jusqu'à nous.

« Cependant, l'arbre miraculeux, longtemps porté par la mer, fut enfin jeté dans la vallée de Fécamp. Les eaux couvraient alors cette partie de la Gaule, et ce n'est que peu à peu qu'elles se retirèrent, laissant le tronc enfoui sous le sable et les herbes marines.

« Il y avait longtemps que le tronc de figuier était caché dans la vallée de Fécamp, alors qu'un certain Bozon, romain de nation, fut envoyé dans le pays de Caux, par saint Denis l'évêque, pour y prêcher la religion chrétienne. Bozon était un saint homme, et ses discours, qu'il appuyait par les actes irréprochables de sa vie, décidèrent un grand nombre d'infidèles à embrasser le christianisme. Peu à peu, il renversa toutes les idoles qui se trouvaient dans le pays de Caux et, après avoir achevé heureusement sa mission apostolique, il s'établit proche de la vallée, avec sa femme, ses enfants et ses nombreux troupeaux. Un jour, les enfants de Bozon, en menant paître les troupeaux, furent conduits par le ciel auprès du tronc merveilleux ; trois belles branches en étaient sorties et le couvraient d'un vert feuillage. L'un des enfants coupa la plus belle et l'emporta avec lui. Bozon l'ayant vue ne tarda pas à reconnaître les branches du figuier ; il resta fort surpris, car le pays n'en produisait pas. « Où as-tu pris cette branche ? demanda-t-il à l'enfant.

« — Dans la vallée du Grand-Champ, répliqua ce dernier ; il y en a encore deux semblables ; nous n'avons pas voulu les prendre, parce qu'elles nous ont paru trop tendres. » Le père, étonné, se rendit le lendemain dans la vallée, où il aperçut le tronc couché sous les herbes marines. Il détacha les deux branches pour les mettre dans son jardin, puis il voulut emporter le tronc qu'il avait débarrassé des herbes inutiles et autour duquel il avait creusé la terre. Tous ses efforts furent inutiles et il ne put jamais enlever, de la place où il était, le tronc miraculeux. Ce champ, qui, jusqu'alors, s'était appelé le Grand-Champ, fut appelé le Champ-du-Figuier, en latin, qui était la langue naturelle de Bozon, *Fici campus*, par abréviation, Fescamp. Les branches que Bozon avait enlevées et plantées dans son jardin se multiplièrent et produisirent les premiers fruits de cette nature que l'on connût dans le pays.

« Bozon, comblé d'années et de félicité, mourut, laissant sa femme et ses enfants héritiers d'une grande fortune. Un jour d'hiver, non loin de la fête de Noël, un étranger se présenta à la porte de la veuve et demanda l'hospitalité. Il fut honnêtement accueilli, et comme il avait froid, la veuve le fit approcher du feu qui se trouvait presque éteint.

« — O mon mari ! mon mari ! s'écria la veuve, si vous étiez encore vivant, nous aurions maintenant quelque grande pièce de bois pour mettre à notre feu ! » En entendant les reproches de leur mère, les enfants de Bozon se disaient : « Si nous trouvions quelqu'un pour nous aider à transporter ici le tronc du figuier ! — Comment feriez-vous, reprit la veuve, puisque votre père, avec toute son industrie, n'a jamais pu y parvenir ? » Et l'étranger, ayant entendu ce discours entre la mère et ses enfants, demanda pourquoi ce tronc ne pouvait pas être déplacé.

« — C'est un miracle, reprit la veuve. »

Et elle raconta à l'étranger ce qui était arrivé. L'étranger dit : « — Si vous voulez, j'irai demain matin avec vos enfants, et nous essaierons de soulever le tronc, de le placer sur un char et de l'amener ici. Si Dieu le permet, nous réussirons dans cette entreprise. » Le lendemain, dès le grand matin, l'étranger et les enfants de la veuve, conduisant avec eux un char traîné par des bœufs, se rendirent au Champ-du-Figuier.

« Alors l'étranger, saisissant le tronc merveilleux, le leva de terre aussi aisément que si c'eût été une simple branche, et quand il fut placé sur le char, les bœufs le conduisirent jusqu'aux lieux où se trouve aujourd'hui la grande église de Fécamp. Arrivé là, le tronc devint si pesant, que le char rompait sous le poids. Il fallut le laisser à terre, et l'étranger ayant fait le signe de la croix, plaça auprès un monceau de pierres, en forme d'autel, et dit à ceux qui étaient présents : « — Heureuse cette province, et plus heureux ceux qui mériteront de voir et d'honorer le prix de la rédemption du monde, contenu dans cet arbre. » Après ces mots, l'étranger disparut. Depuis cette époque, la vallée de Fécamp devint si fertile et si riche en pâturages, que, quelque grande quantité de bestiaux qu'on y conduisît, elle suffisait toujours à leur nourriture. Tels furent les événements qui ont précédé l'apparition du cerf merveilleux au duc ([1]) Ansegise. »

On devine aisément combien le duc Richard fut aise d'apprendre une aussi merveilleuse chronique ; il remercia l'aumônier en lui exprimant tout le plaisir qu'il avait éprouvé pendant cette lecture, et voulut qu'immédiatement on se livrât à la recherche de la précieuse relique.

---

(1) Comte, selon les histor. que nous avons consultés.

On fouilla sous l'autel, on trouva le tronc du figuier contenant les deux capsules en plomb pleines du sang divin, et ce trésor fut dissimulé dans l'intérieur d'un pilier de l'église.

Les religieuses se réjouissaient déjà de cet heureux événement, qui allait donner une si grande renommée à leur nouvelle demeure ; mais leur satisfaction ne fut pas de longue durée ; en raison même de cette renommée probable, le duc Richard entendit que les saintes reliques contenues dans l'abbaye fussent confiées à la garde d'une communauté d'hommes, et après avoir fait comprendre aux religieuses que Fécamp était trop exposé à la visite des pirates du Nord, il les fit transférer à Montivilliers et appela des chanoines pour les remplacer.

Ces chanoines, au nombre de douze, avaient pour mission spéciale la célébration des offices divins ; le duc leur assigna le revenu des douze paroisses suivantes : Elétot, Limpiville, Trémauville-aux-Aloyaux, Vittefleur, Paluel, Saint-Requier-ès-Plains, Veules, Ingouville-ès-Plains, Saint-Valery-en-Caux, Manneville-ès-Plains, Saint-Pierre-le-Petit, Saint-Pierre-le-Vieux.

Malheureusement, les chanoines étaient loin de mener une vie irréprochable, et leur mauvaise conduite devint telle que Richard se vit dans la nécessité de les chasser de l'abbaye.

« En ce temps-là, dit Orderic Vital, il régnait une grande dissolution dans les mœurs du clergé de Normandie, à tel point que non-seulement les prêtres, mais encore les prélats usaient librement du lit des concubines et faisaient parade de la nombreuse famille qu'ils en obtenaient. Un tel usage s'étendit beaucoup du temps des néophytes qui furent baptisés avec Rollon et qui, plus instruits dans les armes que dans les lettres, envahirent violemment cette contrée. Ensuite, des prêtres, d'origine danoise, occupaient les paroisses et, toujours armés, défendaient leurs fiefs laïques par un service tout militaire. »

Richard s'adressa alors à l'abbé de Cluny pour le prier de lui envoyer des religieux de son ordre et de prendre la direction du monastère. L'abbé posa pour condition à son acceptation que le duc abandonnerait au monastère le droit de panage dans toutes les forêts du duché de Normandie, et qu'il s'engagerait, par une charte spéciale, à ne jamais révoquer, ni lui ni ses successeurs, cette donation.

Le duc trouva la prétention excessive et consulta ses conseillers qui, tous, exprimèrent le même avis, et les pourparlers en restèrent là ; les chanoines continuèrent leur train de vie, au grand scandale de Richard, qui, atteint bientôt d'une maladie qui devait le conduire au tombeau, revint à l'idée de faire occuper le monastère par les moines bénédictins, et s'en ouvrit, avant de mourir, à ses grands vassaux :

— Je vous recommande, leur dit-il, l'église de la Sainte-Trinité ; renvoyez les chanoines qui l'habitent, et donnez la garde de ce saint lieu aux moines bénédictins, vrais imitateurs des apôtres.

Richard mort, son fils, Richard II, désireux d'exaucer le vœu de son père, commença par rendre le monastère digne des hôtes qu'il y voulait placer ; il fit agrandir les bâtiments, apporta de nombreux embellissements à l'église et fit passer le canal de la Voûte dans les cours et les jardins ; puis, quand tout fut terminé selon ses désirs, il écrivit à l'abbé Guillaume, de l'ordre de saint Benoît, qui dirigeait alors le monastère de saint Bénigne, de Dijon, pour l'informer qu'il avait jeté les yeux sur lui, à l'effet de lui confier l'abbaye de Fécamp.

Passablement surpris par cette offre à laquelle il était loin de s'attendre, Guillaume allégua d'abord le peu de confiance que lui inspirait le duc des Normands, c'est-à-dire le chef de gens qui étaient plus accoutumés à renverser et piller les églises qu'à en édifier ; mais, sur l'assurance qu'on lui donna que les Normands établis en Neustrie étaient convertis depuis longtemps au christianisme, l'abbé finit par se décider à se rendre à l'invitation qui lui était faite, et il partit pour Fécamp avec un certain nombre de moines de la congrégation, qui y furent reçus « comme des anges envoyés du Ciel. »

Bien qu'à regret, les chanoines durent faire place nette aux bénédictins, qui s'installèrent dans leur nouvelle demeure, dont ils devaient rester possesseurs jusqu'à la tourmente révolutionnaire de 1789.

Tels sont les documents qui semblent être les plus certains parmi ceux qui ont été extraits des nombreux récits pleins de merveilleux, qui ont été faits sur les origines de l'abbaye de Fécamp.

Les anciens chroniqueurs, pleins de foi naïve, s'attachaient surtout à transmettre à la postérité le souvenir des faits miraculeux que la tradition populaire et le génie poétique du temps aimaient à enjoliver et à grossir; néanmoins, la part faite des exagérations bien naturelles de la part de quiconque raconte non ce qu'il a vu, mais ce que les autres ont vu pour lui, il reste dans ces légendes, adorables de candeur et de bonne foi, un ensemble de faits dont il faut bien se garder de suspecter la sincérité.

Que la science ou la raison cherche à les expliquer, c'est son droit; mais fussent-ils même inexplicables, que nous ne voudrions pas les nier, après la consécration que le temps leur a donnée, sans avoir en main la preuve irréfutable de leur fausseté.

L'imagination populaire et les rêveries mystiques du cloître peuvent beaucoup ; mais, devant l'affirmation des chroniqueurs, nous n'avons qu'à nous incliner et à rapporter fidèlement le résultat des investigations faites dans le passé.

Il en ressort donc que Bozon, premier fondateur d'un rustique oratoire au milieu des bois, eut connaissance du tronc d'un figuier, qu'il plaça, selon les uns, sous l'autel de sa chapelle ; selon d'autres, il se contenta d'en cueillir deux branches qui en étaient sorties et de les planter ; puis, lorsqu'il fut mort, ce fut un étranger qui, conduit au tronc par la femme de Bozon, le fit charger sur un char traîné par des bœufs. Le char se rompit juste à l'endroit où se trouve aujourd'hui l'église de la Trinité, et l'étranger, abandonnant le tronc là où il était tombé, plaça auprès un monceau de pierres en forme d'autel et dit à ceux qui étaient présents :

« Heureuse cette province et plus heureux ceux qui mériteront de voir et d'honorer le prix de la rédemption du monde contenu dans cet arbre. »

Une légende qui remonte au vi[e] siècle veut que le comte Ansegise ait jeté les assises du premier monastère de Fécamp, par un ordre surnaturel transmis par un cerf, qui s'arrêta devant le tronc d'arbre miraculeux.

Une autre veut que ce soit sainte Eulalie qui

apparut à saint Waninge et lui commanda d'élever un temple à la sainte Trinité.

Plus tard, c'est un ange qui, sous les traits d'un vieillard, fait connaître que l'église projetée par le duc Guillaume doit être placée sous l'invocation de la sainte Trinité.

Un miracle apporte la toiture toute préparée à quelques pas de l'endroit où l'édifice s'élève.

Enfin, le jour même où il est consacré, un autre miracle avait lieu dans une petite église voisine de Fécamp : un prêtre, du nom d'Isaac, célébrait la messe devant l'autel de saint Maclou, les espèces du pain et du vin s'étaient changées pendant la consécration en véritable chair et sang de N. S. J.-C. (1)

On le voit, le merveilleux joue un grand rôle dans l'histoire de la fondation de l'abbaye de Fécamp ; mais à partir du jour où les moines bénédictins en prirent possession, les faits se dégagent réels, palpables du milieu de ces vapeurs diaphanes où plane le mysticisme ; les moines, assujettis à une règle qu'ils observent avec soin, pratiquent la vie monastique dans toute sa pureté, chacun d'eux travaille pour le bien de la communauté, qui grandit en force et en influence, dont elle se sert pour

---

(1) *Fiscanens. chron. cap.* XIV.

venir au secours de tous ceux qui ont besoin de son aide puissant.

Ils étaient bons et humains, les religieux bénédictins; jamais le pauvre ne les implorait en vain et chaque jour ils devaient donner du pain à tous ceux qui en demandaient, à raison d'une demi-livre par personne.

Ils étaient riches aussi.

Richard II, surnommé le *Père des Moines,* leur donna de grands biens, et déjà l'abbaye possédait des églises, des villages, des terres, des moulins, des prés et des bois, grâces aux libéralités de Richard Ier et des principaux seigneurs de la cour normande,

Nous allons bientôt les voir, sous l'administration régulière de leurs abbés, grandir, s'enrichir et former la communauté la mieux rentée de France.

> De quelque côté que le vent vente,
> L'abbaye de Fécamp a rente.

Ce dicton était en usage pour l'abbaye aux siècles derniers, ainsi que cet autre : Les heures de Fécamp.

— A quel usaige, dist Gargantua, dictes vous ces belles heures ?

— A l'usaige, dis le moyne de Fécan, à troys pseaumes et troys leçons ou rien du tout qui ne veult...

C'est en ces termes que Rabelais, qui fut bénédictin de la congrégation de saint Maur, nous fait connaître cette locution proverbiale (l. I ch. XLI) maintenant oubliée.

« Ce qui avait tourné en proverbe le récit des heures à Fécamp, dit Le Duchat, était un extrême relâchement de la règle et de la discipline parmi les religieux de cette abbaye, lesquels étendaient leurs priviléges jusqu'à se dispenser de dire leurs heures ou du moins de les dire toutes. »

Mais avant que ce relâchement excessif n'eût été reproché aux moines, il se passa du temps, et au moment où Guillame de Dijon prit le titre d'abbé de Fécamp que lui conféra le duc Richard II, lui et ses moines, au nombre desquels étaient Théoderik et Jean d'Alie, se firent remarquer par l'austérité de leurs mœurs, leur grande dévotion et le soin qu'ils apportaient dans l'observance de la règle qui leur était imposée.

« La chronique de saint Benigne de Dijon, qui a esté depuis peu donnée au public par le révérend père dom Luc d'Achery, dans le premier tome de son *Spicilegium*, nous assure que l'odeur des vertus du bienheureux Guillaume s'était répandüe de toutes parts et avait passé mesme jusqu'en Normandie. »

Et la chronique ajoute que « plusieurs personnes de toutes conditions, évesques, clercs et seigneurs de grande naissance se rendoient de tous côtés à l'abbaye de Fescamp, pour se ranger sous la direction d'un maistre si scauant en la vie spirituelle. »

Bientôt, il est vrai, le nombre des religieux de l'abbaye de Fécamp s'accrut d'une façon notable, et le duc Richard II « leur octroya le droit de haute justice, et afin d'asseurer parfaitement leur repos et qu'ils ne fussent inquiétez des visites des officiers ecclésiastiques, pria notre archevesque de les exempter de sa juridiction, ce que Robert fit très-volontiers, leur accordant cette grâce, tant à l'égard de l'abbaye que des paroisses qui en dépendent, et leur faisant expédier sur cela ses lettres signées de sa main et de quantité d'évesques et de seigneurs, lesquelles ayant esté depuis confirmées par le saint-siége apostolique, ont fait et font encore jouïr aujourd'huy cette abbaye de l'effet de cette exemption. » (1)

Bien que l'auteur de ce passage prétende faire honneur à l'archevêque Robert de cette concession en faveur de l'abbaye, il paraît certain qu'elle fut due à l'initiative de l'abbé Guillaume, qui était allé à Rome dans le but de solliciter cette faveur, et qui en revint ayant obtenu, en outre, pour lui et ses

---

(1) Hist. des archev. de Rouen par un relig. bénéd. Rouen 1667.

successeurs, l'usage de la mitre, spécialement réservée aux évêques.

L'abbaye prospéra considérablement sous l'impulsion de son abbé et s'accrut des abbayes de Bernay et de Montivilliers, qui y furent jointes.

Bientôt, de grandes libéralités du duc Richard vinrent augmenter encore les possessions abbatiales ; de villages et des églises lui furent donnéss en 1026, avec des biens de toute nature et jusqu'à la dîme de tout l'argent monnayé du duc et celle des revenus de sa chancellerie.

Peu de temps après, Richard mourait après s'être fait porter à l'abbaye et y avoir reçu la discipline par la main des religieux (1).

Quarante-six abbés se succédèrent dans le gouvernement du monastère et quelques-uns se distinguèrent par leurs mérites exceptionnels. C'était pour la plupart des hommes appartenant aux premières familles normandes ; quelques-uns, tels que Guillaume et son successeur, Jean d'Alie, étaient originaires d'Italie ; mais tous, par leur naissance ou leur situation élevée, donnèrent à leur titre d'abbé de Fécamp, une sorte d'éclat qui se continua jusqu'à la révolution, et on vit une tête couronnée, Casimir de Pologne, en possession de ce titre fort recherché.

---

(1) Hist. de Normandie 1er v.

Pendant le temps du gouvernement de l'abbé Guillaume, aucun fait important ne se produisit; les moines, peu nombreux, parfaitement installés dans de vastes bâtiments, ne s'occupaient guère que d'assister aux offices, de prier et de chanter les louanges de Dieu, tandis que la communauté s'enrichissait de nombreuses dépendances.

Déjà, sous Jean d'Alie, 2e abbé, la vie intellectuelle commença à naître, et lorsque les religieux du mont Saint-Michel s'adressèrent à l'abbé pour lui demander un supérieur, le moine Suppo, qui fut désigné à cet effet, put emporter avec lui une quantité de précieux manuscrits venus d'Italie.

Fécamp semble être une pépinière d'abbés; c'est le comte de Saint-Paul qui demande aussi un supérieur pour la communauté de Blangy qu'il vient de fonder; c'est le moine Gilbert qui est appelé au gouvernement de l'abbaye de Conches, puis le moine Robert qui est placé à la tête des églises de Londres et de Cantorbery; Rodolphe de Beaumont, simple religieux, est élu huitième abbé du mont Saint-Michel.

Entrèrent à cette époque à l'abbaye, Robert de Barentin et le fameux Odon, frère utérin de Robert-le-Diable, et Maurille, l'un des moines, fut élevé au rang d'archevêque de Rouen.

En 1064, Gilbert, moine de Fécamp, fut placé à la tête du monastère de Fontenelle, et deux autres religieux, Pierre et Dieudonné, sortirent du monastère pour fonder celui de Bonneville, qui demeura sous la dépendance de l'abbaye et ne fit qu'ajouter à l'importance que chaque jour elle acquérait. Les acquisitions succédèrent aux actes de libéralité : Guillaume de Colombiers, fils de Godefroy, vendit à la Sainte-Trinité, à saint Martin et au moine Pierre la dîme de la terre de Godefroy, fils de Raimfroi, située à Langrune, et la dîme de celle de Gonnor et d'Alberade, pour laquelle Pierre et Dieudonné donnèrent 10 livres 10 sols et un cheval du prix de cent sols (1).

De toutes parts, les riches propriétés et les grands biens arrivaient à l'abbaye, qui était devenue le siége d'une véritable cour. Lorsque Guillaume-le-Conquérant revint de Normandie, il s'arrêta à l'abbaye, suivi de tous ses compagnons et menant avec lui des ôtages saxons qu'il avait fait en Angleterre. Humblement placé dans le chœur des moines, au milieu d'une foule d'évêques et d'abbés, il fit briller aux regards éblouis de splendides vêtements chamarrés d'or et tous les dehors d'un luxe jusqu'alors inusité, et les assistants, charmés, s'en furent vantant partout les magnificences des réceptions abbatiales de Fécamp.

Mais il en arriva par contre-coup que l'indisci-

---

(1) Cart. fisc.

pline commença à se glisser parmi les religieux, et lorsqu'en 1089, l'archevêque de Rouen vint, pendant une tournée dans son diocèse, séjourner dans l'abbaye de Fécamp, les moines se refusèrent à héberger sa suite et se mutinèrent ; on se disputa, on se battit même, et les habitants de la ville furent obligés d'intervenir pour mettre le holà.

Naturellement, le bruit de la querelle se répandit et arriva aux oreilles du roi Guillaume, qui soutint les moines de Fécamp et condamna l'archevêque à déclarer par écrit qu'il reconnaissait le monastère exempt de sa dépendance. Cette pièce (1) fut signée par le roi, par Guillaume de Ros, abbé de Fécamp, par son prieur, par le comte d'Eu et par l'archidiacre d'Evreux.

En même temps que les moines s'indisciplinaient, la communauté devenait plus dominatrice, et elle étendait son autorité sur des vassaux dont le nombre augmentait sans cesse, grâces aux libéralités des seigneurs qui se dessaisissaient, à son bénéfice, de certains droits leur appartenant.

Et ce n'était pas seulement en France que l'abbaye possédait des fiefs et des terres domaniales ; elle avait largement profité de la conquête, et ses biens en Angleterre lui furent reconnus, confirmés et garantis par une charte de Guillaume, qui avait

---

(1) Cart. fisc.

une vive affection pour les moines de Fécamp et qui voulut leur donner son dernier soupir, en se faisant transporter, lorsqu'il se vit perdu, au prieuré de saint Gervais qui leur appartenait, et où il mourut.

A partir de la mort de Guillaume, l'indocilité des moines ne fit que s'accroître, ils témoignèrent une certaine hostilité au nouveau duc de Normandie, Robert-Courte-Heuze ; cependant, dans sa dispute avec l'archevêque de Rouen, qui avait frappé d'interdit toutes les églises de Normandie, les bénédictins de Fécamp lui furent d'un grand secours par leur intervention, qui décida le pape Urbain à à envoyer deux légats à Fécamp pour prendre connaissance de l'affaire, qui se termina par un blâme infligé à l'archevêque et le retrait du *pallium* pendant un certain temps.

Sous prétexte que le prieur Tancard était « féroce comme un lion » et d'une sévérité qui n'était tempérée par aucune humanité, les moines se révoltèrent contre son autorité et le chassèrent du monastère.

Le mauvais exemple est contagieux ; à leur tour, les moines de saint Taurin, d'Evreux, qui relevaient de l'abbaye de Fécamp, profitèrent du prétexte de la nomination d'un nouvel abbé, pour essayer de s'affranchir de la dépendance de Fécamp et élire un abbé de leur choix.

Il fallut recourir à l'autorité du roi d'Angleterre,

Henri Ier, qui venait de reconquérir la Normandie et qui, après des débats contradictoires qui ne durèrent pas moins de deux années, finit en 1107, par donner gain de cause aux bénédictins de Fécamp.

A cette époque, le monastère renfermait environ 300 religieux et les bâtiments de l'abbaye ne ressemblaient plus guère aux assemblages de cellules en roseaux du ive siècle. Entourée de fortes murailles, l'abbaye possédait « des vergers, des jardins couverts d'arbres fruitiers et arrosés par un ruisseau dont les fuyants, habilement répartis, produisaient le plus agréable effet. » Le monastère se trouvait placé entre deux collines ; l'une était cultivée et l'autre couverte de bois dont les cimes touffues offraient une masse impénétrable aux rayons du soleil. Le couvent était approvisionné de poisson venant de la mer et de la Seine, qui en fournissait alors avec abondance.

Et l'église !

Elle était couverte en plomb, luxe peu commun alors, et l'intérieur resplendissait d'or et d'argent ; on y voyait une roue qui, mue par un ingénieux mécanisme, tournait sans cesse et rappelait, par ce mouvement, et l'inconstance de la fortune et la durée de l'éternité.

Elle possédait déjà un orgue, instrument assez rare alors pour que Balderik, à qui nous empruntons ces détails, témoignât son admiration d'entendre le son des cordes basses, moyennes et élevées, et le comparât à un chœur d'enfants, d'hommes faits et de vieillards.

Tout cela fut bien près d'être dévasté et pillé quand Geoffroy d'Anjou pénétra en Normandie à la tête de ses troupes indisciplinées, pour faire valoir les droits de son fils à la succession du roi Henri. Il fallut que les moines de Fécamp payassent 110 marcs d'argent, pour que les troupes angevines épargnassent leurs possessions.

Mais ils pouvaient se racheter à ce prix, sans que le trésor de l'abbaye en souffrît beaucoup; sa richesse allait toujours en augmentant, et les monastères des environs, placés sous son obéissance, commençaient à murmurer hautement contre un joug qu'ils désiraient tous rompre ; mais c'était chose difficile ; les contestations qui surgissaient à ce propos étaient d'ordinaire jugées en faveur de l'abbaye. Il n'en fut pas ainsi cependant à l'égard d'un litige qui s'éleva avec les religieux de Bernay, qui voulurent avoir le droit d'élire librement leurs abbés ; l'évêque de Lisieux décida que désormais les abbés de Bernay pourraient être choisis indifféremment parmi eux et parmi les bénédictins de Fécamp.

Cette décision, émanant d'un esprit d'équité, ne satisfit personne et amena quelque temps plus tard la rupture complète des deux couvents.

Mais ce fut surtout sous le règne d'Henri II, roi d'Angleterre, duc de Normandie, que l'abbaye acquit une véritable puissance ; ce prince lui confirma le droit de haute et moyenne justice sur toutes les terres qui se trouvaient dans sa dépendance, ce qui rendait tous les habitants de Fécamp et des fiefs environnants exclusivement justiciables de l'abbaye, à moins qu'ils ne fussent directement appelés devant le roi.

L'abbaye reçut encore de Henri II l'autorisation d'établir une garenne sur un fief avoisinant Fécamp, et afin que les moines conservassent leur gibier pour leur usage personnel, le roi prononça une amende de 10 livres contre quiconque tuerait un lièvre ou toute autre bête sur les terres abbatiales, sans la permission expresse de l'abbé.

Furent aussi, à la même époque, confirmés les droits que l'abbaye avait sur le port de Fécamp et, peu de temps après, on voit le roi de France, Louis VII, accorder à l'abbé de Fécamp la franchise des droits que le vin payait à la sortie de France, en Normandie, et les religieux demeurèrent en possession de ce droit de franchise, ainsi que le démontre cette pièce datée du 5 novembre 1416 :

« Sachent tous, que nous, frère Thomas Hogueys, bachelier, en décret du prieuré de saint Georges, de Mantes, membre de l'abbaye de Fécamp, avons aujourd'hui fait charger quatre queues de trois poinçons de vin au batel de Thomas des Monts, lequel vin est cru au propre héritage et ne doit preuve, et passe franchement et quittement par-dessous le pont de Mantes sans payer aucun acquit. » (1)

L'historien Fallue, en constatant le haut degré de prospérité dans lequel était l'abbaye, remarque avec surprise que, malgré sa grandeur et ses richesses, elle n'était pas en état de pourvoir honorablement à l'entretien de douze clercs ; le fonds attaché à l'entretien de ces douze clercs étant insuffisant, il en résultait que ces gens d'église, d'un ordre peu élevé, étaient obligés de chercher partout leur nécessaire et négligeaient ainsi le service divin. Cinq de ces clercs étant morts, l'abbé de Sully obtint du pape de les faire remplacer par six prêtres, en conservant aux clercs survivants leur traitement durant leur vie, ou jusqu'à ce qu'ils fussent autrement pourvus.

En effet, on s'explique peu ces dispositions, eu égard à la fortune de l'abbaye, qui s'accrut encore, à la fin du XIIe siècle et au commencement du XIIIe, du produit de nombreux dons qui lui furent faits par de riches particuliers, et du droit de passage

---

(1) Collection A. Legrand aîné, de Fécamp.

d'Harfleur à Honfleur, que lui concéda Renault, comte de Boulogne.

Toutefois, les événements politiques du XIIIe siècle ne furent pas favorables à la continuation de sa prospérité ; la ville de Fécamp, comme celle de Rouen, fut obligée de se soumettre au roi de France, et le changement de nationalité porta un coup terrible à la Normandie en général et aux monastères en particulier, qui avaient été comblés de biens par les descendants de Rollon et qui se virent tout à coup menacés de perdre tous les biens qu'ils possédaient en Angleterre.

En ce qui concerne l'abbaye, en passant sous le sceptre de la France, elle fut immédiatement assimilée aux autres établissements religieux de même ordre et perdit la suprématie qu'elle avait dans le duché de Normandie ; mais les moines étaient patients, persévérants, ils avaient en vue non la puissance d'un seul ou de quelques-uns, mais celle de la collectivité appelée communauté, et ils attendirent que le temps et les circonstances leur fussent favorables, pour reconquérir peu à peu cette omnipotence dont ils étaient si fiers et qu'ils ne retrouvèrent jamais aussi complète.

Mais si elle leur fit défaut effectivement, ils en eurent tous les bénéfices moraux et matériels.

On sait combien les Bénédictins se distinguèrent de tous les religieux similaires par la variété de leurs connaissances et leurs grands travaux littéraires ; ces travaux suffirent pour les placer et les maintenir au premier rang.

Et ce ne furent pas seulement les dom Clément, les dom Mabillon, les dom Lobineau qui illustrèrent l'ordre, à l'époque où tout était ténèbre et barbarie, les moines bénédictins, même ceux de l'abbaye de Fécamp, furent les pionniers des lettres et les initiateurs de l'art d'écrire.

« Des travaux littéraires s'élaborent dans le silence des cloîtres ; on forme des élèves à écrire sur des tablettes cirées ; on leur fait copier la collecte, le graduel, l'antiphonier, l'Ancien et le Nouveau Testament, les ouvrages du pape Grégoire, les traités de saint Jérôme, d'Augustin, d'Ambroise, d'Isidore, d'Eusèbe, d'Oroze et tous les écrits des anciens qui avaient été sauvés ; c'est ainsi que ces précieux travaux nous sont parvenus. Enfin, l'abbé Jean d'Alie produisit un grand nombre d'ouvrages ascétiques, et le jeune moine Robert, sa *Chronique de Fécamp,* le seul travail qui nous ait fait parfaitement connaître la suite des rois de la famille de Merowig. » (1)

Philippe Auguste reconnut les priviléges de l'abbaye de Fécamp ; elle conserva le droit de rendre la justice et obtint celui de faire passer en

---

(1) Hist. de la ville et de l'abb. de Fécamp.

franchise toute espèce de denrées par « l'eau de Vernon. »

Quelques libéralités furent encore faites aux moines pendant le règne de ce prince : augmentation de biens, acquisition de droits, exemption de redevances ou d'impôts, tels furent les principaux avantages qu'ils obtinrent, soit du roi de France, soit de ses feudataires normands, qui tenaient à honneur de conserver à l'abbaye la protection qu'ils lui avaient toujours accordée.

Toutefois, l'abbaye fut imposée d'une somme de 13,200 florins d'or pour sa quote-part de participation aux charges de l'état, et cette somme lui fut avancée par une compagnie de marchands florentins, les moines ayant déjà l'habitude de ne jamais conserver d'espèces monnayées et les convertissant, au fur et à mesure des recettes, à des acquisitions nouvelles d'immeubles, qui leur donnaient sans cesse une plus-value de revenu. Ce fut de la sorte, toujours en arrondissant leur domaine, que les communautés, pauvres au début, parvinrent en peu de temps à acquérir des fortunes territoriales considérables.

Car, malgré les dépenses occasionnées par une installation qui ne laissait rien à désirer et qui nécessitait un entretien continuel, malgré les abondantes aumônes qu'ils distribuaient, les moines étaient loin de dépenser leurs revenus, dont une partie, s'accumulant sans cesse, formait bien vite un accroissement de capital productif.

Le nombre de fiefs relevant de l'église de Fécamp était considérable, et les possesseurs de fiefs rendaient foi et hommage à l'abbaye et s'obligeaient à lui appartenir, à défendre ses intérêts en toutes choses, à se réunir trois et quatre fois par an aux hommes de l'abbé, pour aller au besoin au delà de la Seine et des mers, venger les injures et les torts faits à l'église de Fécamp.

Au reste, le service militaire était obligatoire non-seulement pour les vassaux de l'abbaye, mais encore pour les moines et pour l'abbé, qui devait se trouver à toutes les prises d'armes à la tête de ses hommes.

Il était porté sur les rôles du ban et de l'arrière-ban, et Fallue rapporte qu'au combat de Bouvines, on vit les abbés de Fécamp combattre auprès des Estouteville, des Guillaume Crépin et des Robert Malet.

Il était d'ailleurs urgent que l'abbaye pût être défendue aussi bien par les armes que par la parole, car, d'un côté, son importance lui avait suscité de nombreux envieux et des jaloux, parmi lesquels il convient de citer en première ligne les archevêques de Rouen, qui ne pouvaient se résigner à voir l'abbaye de Fécamp exempte de toute autre dépendance que celle du saint père, et ils ne négligeaient aucune occasion de témoigner le dépit qu'ils en ressentaient, tantôt c'était en refusant les saintes huiles aux religieux, tantôt c'était en ne recevant pas les novices aux ordres, et il fallait que le pape intervînt par des bulles spéciales, afin de maintenir aux abbés de Fécamp l'exemption qu'il avait plu à ses prédécesseurs de leur accorder. De plus, le pape ajoutant encore aux priviléges dont jouissaient ces abbés, accorda à Guillaume Vaspail, l'un d'eux, le pouvoir de donner au peuple la bénédiction solennelle pendant les cérémonies religieuses.

A l'égard des archevêques, la lutte était en cour de Rome.

Mais il était d'autres personnages contre lesquels les gens de l'abbaye étaient obligés d'opposer des défenseurs armés : les croisés, qui rançonnaient les monastères sans scrupule, réquisitionnaient leurs biens, leurs bestiaux, leurs provisions, sous prétexte que se battant pour la grande gloire de l'Eglise, ils avaient droit de prendre tout ce qui leur convenait chez ses serviteurs. Cette façon d'envisager la question n'était nullement du goût des moines, qui tentaient de s'y opposer par tous les moyens possibles et n'y parvenaient pas toujours; aussi, furent-ils obligés d'appeler encore à leur aide l'autorité du pape Jean XXI qui, par une bulle datée de Viterbe, plaça tous les biens du monastère de Fécamp sous la protection de l'Eglise, pendant que Richard de Trégos laissait là son abbaye pour prendre la croix et marcher à la conquête de la terre sainte.

Le XIVe siècle devait être fertile en agitations pour l'abbaye de Fécamp qui, lors de la défense faite par Boniface VIII aux ecclésiastiques de payer aucun subside aux princes, vit la totalité des biens qu'elle possédait en Angleterre saisis par le roi Edouard, en même temps qu'elle était taxée par le même pape au paiement d'une somme de dix mille florins dont il avait momentanément besoin.

Grâces au versement intégral de cette somme, le pape voulut bien consentir à intercéder auprès d'Edouard pour obtenir la restitution des biens saisis, ce qui lui fut accordé sans trop de mauvaise volonté.

Quant à la perte d'argent, elle fut sinon compensée, du moins un peu adoucie par la part qui revint à l'abbaye dans le partage qui fut fait aux divers ordres des biens qui avaient été confisqués sur les Templiers.

Mais il était dit que les propriétés de l'abbaye en Angleterre seraient une source continuelle de déboires; la guerre portée par Charles de Valois en Guyenne fit que ces biens furent de nouveau enlevés aux moines, et, cette fois encore, le roi d'Angleterre les leur rendit.

Les moines furent d'autant plus heureux de

cette restitution, qu'ils n'y comptaient guère, et, mis en garde pour l'avenir, ils se résolurent à ne pas attendre qu'une nouvelle occasion se présentât de les dépouiller ; ils réalisèrent en numéraire la valeur de leurs possessions anglaises.

Ils donnèrent procuration à frère Pierre-Marie Baillif et à Etienne Albrandi, chanoine et doyen de Clermont, à l'effet de vendre des bois et des terres jusqu'à concurrence de 3,000 livres sterling ; le produit de cette vente était spécialement affecté à la liquidation de certaines dettes et aux frais d'installation du nouvel abbé, qui devait devenir pape sous le nom de Clément VI, et fournir ainsi une nouvelle illustration au monastère de Fécamp.

Edouard III ne pouvait pas empêcher les religieux de vendre leurs biens, mais il prohiba la sortie de l'argent de son royaume, sous peine des punitions les plus sévères pour ceux qui enfreindraient cet ordre.

Devenu pape, l'abbé Roger ne fut pas ingrat envers l'abbaye qu'il avait gouvernée, et son premier soin fut de lui confirmer des priviléges, et comme il s'était arrogé le droit de pourvoir lui-même aux abbayes, il lui donna un abbé tout à sa dévotion et qui, fort de l'appui du pape, en usa pour traiter les religieux avec une telle sévérité, qu'il ne tarda pas à leur devenir odieux.

Les vassaux de l'abbaye n'étaient pas moins

malmenés, ce qui amena une sorte de révolte et un appel au pape, qui dépêcha un évêque et deux abbés à titre de conciliateurs à Fécamp.

Les choses s'arrangèrent à demi et bientôt la discorde régna de nouveau entre les moines et l'abbé, qui fut remplacé, ce qui n'empêcha pas ceux-là d'acquérir à la même époque la réputation d'être en communication directe avec le ciel, en vertu d'un miracle qui se produisit aux yeux des fidèles.

Conseillers des ducs de Normandie, en rapports fréquents avec les rois de France et d'Angleterre, on voit les abbés de Fécamp conserver, sous les divers gouvernements qui se succèdent, une situation toujours élevée, et souvent chargés de missions diplomatiques de haute importance.

Guillaume de Dijon, le premier abbé de Fécamp, était l'âme et la lumière des conseils du duc Richard, et Guillaume-le-Conquérant s'inspira des avis de Jean d'Alie, lorsqu'il convoitait la possession de l'Angleterre, et ce fut l'abbé Jean qui fut envoyé auprès du pape pour sonder le chef de l'Eglise sur la façon dont il envisageait la politique de Guillaume.

Raoul d'Argences fut chargé aussi d'une mission délicate pour la cour de Rome ; hommes de savoir, diplomates par excellence, exerçant une autorité morale sur les hauts seigneurs dont ils savaient ménager les intérêts et seconder les plus secrets desseins, ces abbés, gens de robe, d'armes et de cour, possédaient toutes les qualités qui rendent les hommes indispensables aux grands et sachant planer au-dessus des mesquines ambitions du vulgaire, on vit plus d'un simple chef de moines, tenir dans les plis de sa robe noire le sort des Etats ; nul mieux qu'eux ne savait, dans une situation difficile, donner un sage conseil ou faire réussir, en s'y intéressant, une combinaison politique.

Leur influence était d'autant plus grande qu'elle ne s'exerçait que d'une façon indirecte, ils n'étaient jamais que des conseillers désintéressés, ou des messagers intelligents, chargés de négociations qui ne paraissaient nullement devoir mettre leur intérêt en jeu.

Habiles et patients, l'insuccès les trouvait résignés et la réussite presqu'insouciants ; prudents par habitude, discrets par profession, ils étaient et devaient être choisis de préférence à tous autres, quand on avait besoin du concours d'une sage et éloquente parole, toujours mesurée, persuasive et qui triomphait souvent, là où le verbe altier et dominateur des princes ou des hauts barons, se fût heurté contre une résistance opiniâtre.

Ce fut l'abbé de Fécamp, Pierre Roger, que Philippe de Valois choisit comme ambassadeur auprès d'Edouard III d'Angleterre pour l'engager à venir lui rendre l'hommage qu'il lui devait ; la mission échoua, mais une autre dont il fut chargé auprès du pape, eut un plein succès.

Nous allons voir maintenant les abbés de Fécamp non plus seulement négociant avec les souverains, mais luttant par les armes contre eux et faisant du monastère une place forte. Mais l'assiégeant était Charles-le-Mauvais, le bien nommé roi de Navarre, et furieux de se voir braver par un ennemi crossé et mitré, il enleva l'abbaye et le monastère d'assaut, fit pendre des moines et imposa les autres d'une forte contribution de guerre.

Quant à l'abbé, il devint prisonnier de son vainqueur ; rendu à la liberté, son premier soin fut de fortifier l'abbaye, et le roi Charles V lui confia une flottille pour aller en Lombardie chercher le pape, médiateur entre la France et l'Angleterre.

Sa mission terminée, l'abbé devint ministre d'état et surintendant des finances, ce qui ne l'empêcha pas de continuer à se charger de nouvelles ambassades.

Le roi Charles l'envoya de nouveau à Avignon « pour certaines grosses besognes touchant l'honneur et le profit de nous et de notre royaume. »

D'Avignon il passa en Flandre avec le comte de Sarrebruck, toujours pour « certaines grosses besognes » et toujours aussi il seconda si bien les vues du roi de France, qu'à son retour il fut promu à l'évêché d'Amiens et au cardinalat.

Mais l'attaque de Charles-le-Mauvais fit réfléchir les abbés de Fécamp, et le successeur du cardinal, Jean de la Grange, s'empressa de faire réparer les fortifications avec l'aide du roi qui, à la date de 1372, rendit l'ordonnance suivante :

« Charles, par la grâce de Dieu, etc., savoir faisons que par considération des pertes et dommages que l'abbé de Fécamp, les religieux de ladite église et aussi les habitants de la ville de Fécamp ont soutenus par le fait de nos guerres, et afin que la forteresse de ladite ville, laquelle est assise en port de mer, soit mieux gardée, réparée et fortifiée, mise et maintenue en état d'être défendue contre nos ennemis, nous leur avons donné et octroyé, donnons et octroyons qu'ils aient et prennent de et sur tout ce qui a été et sera levé de l'imposition, 12 deniers pour livre en ladite ville de Fécamp... »

Pendant ce temps, la grande question de l'exemption de l'abbaye de toute juridiction épiscopale, continuait à préoccuper les archevêques de Rouen, qui cherchaient toujours le moyen propre à paralyser la volonté papale; mais, à son tour, l'abbaye éleva la prétention de défendre à l'archevêque de porter sa croix et de donner sa bénédiction dans l'église de Saint-Gervais et sur les terres qui en dépendaient et se trouvaient, selon l'abbé de Fécamp, placé sous sa juridiction, ce dont le parlement jugea tout différemment.

Au milieu de toute cette agitation, de toutes ces préoccupations d'ordre si différent, les affaires du monastère allaient un peu à la dérive ; les abbés, on l'a vu, s'adonnaient bien davantage aux soins des choses extérieures qu'au gouvernement de leur abbaye et le désordre le plus complet fut le résultat de cet abandon que les historiens mettent sur le compte des soldats de Charles-le-Mauvais qui, avec l'aide des vagabonds venus à leur suite, enlevèrent du monastère tout ce qu'il possédait de précieux. Evidemment, la guerre fut pour une grande part dans ces soustractions, mais c'est au défaut de vigilance, de discipline, qu'il faut certainement attribuer le mauvais état de l'abbaye à cette époque.

On s'occupait d'ailleurs plus de guerre que de religion au monastère, et c'était maintenant contre le roi d'Angleterre, Henri V, que l'abbé d'Estouteville, à la tête de ses moines, dirigeait les projectiles lancés du haut des remparts contre les bassinets, les archers, les canonniers et « autres usant de fronde et engins dont ils avoient grande abondance. » [1]

---

[1] Chron. de Monstrelet, l. I. ch. 149.

Mais si nous en croyons Juvénal des Ursins, qui évalue les forces du roi d'Angleterre à 46,000 hommes ayant « grosse artillerie, bombardes, canons et gens se connoissant en armes », si même nous nous en tenons aux 30,000 hommes de Monstrelet et encore aux 16 à 20,000 selon saint Remy et Wavrin, plus modérés dans leur évaluation ([1]), il demeure établi que là où les efforts du maréchal Boucicaut « logé dans le triangle inscrit par Tancarville, Lillebonne et Caudebec, avec des forces à peu près égales et de bons capitaines » ([2]) avaient été infructueux, les moines de l'abbaye ne pouvaient opposer une défense bien longue ; la brèche fut promptement faite et les anglais purent entrer en vainqueurs dans la ville. Le monastère, qui ne fut pas brûlé, ainsi que le prétend un historien ([3]), mais qui dut payer une forte contribution, fut fortement endommagé.

Azincourt termina cette funeste guerre et le roi d'Angleterre, mécontent de la défense si courageuse des moines, se vengea en les dépouillant encore une fois des biens qu'ils possédaient en Angleterre au profit de l'évêque de Durham.

Ce fut une époque désastreuse pour l'abbaye.

---

(1) Chron. de saint Remy, ch. 54. — Chron. de Wavrin, part. V, liv. I, ch. 5.

(2) Réné de Belleval, *Azincourt*, p. 47.

(3) Hist. des villes de France, Fécamp, par Richard, t. V, p. 492.

Les Anglais étaient les maîtres et firent durement sentir leur autorité ; ils dépossédèrent tous les titulaires des emplois et charges abbatiales et les remplacèrent soit par des Anglais, soit par des Français, beaucoup trop empressés de faire leur acte de soumission au nouveau souverain de Normandie.

Non-seulement l'abbaye avait eu à souffrir de nombreux dégâts, mais ses revenus baissèrent considérablement et il lui fallut compatir à la misère du temps en faisant la remise à ses fermiers du quart de leur loyer.

D'un autre côté, les dépenses étaient lourdes ; nombre de soldats anglais s'étaient commodément installés dans le monastère, buvaient, faisaient bombance aux dépens des religieux qui devaient subvenir à tous les besoins et à toutes les exigences de leurs hôtes qui les rançonnaient à plaisir.

C'était l'abbaye qui payait la solde des hommes d'armes, les gages du sénéchal, du lieutenant-général, du bailli, du procureur général de l'église, de tous ceux qui étaient venus s'emparer des emplois publics, et, de plus, elle était obligée de donner une gratification au secrétaire du roi d'Angleterre.

Outre ces dépenses sans cesse renouvelées, ces entretiens onéreux, une dîme fut encore établie sur tous les biens de la communauté, et l'occupation anglaise était devenue une cause de ruine complète à ce point, que le sénéchal de l'abbaye, Pierre Maniel et deux religieux, dom d'Orival et dom Richard, adressèrent directement à Henri V une requête pour lui exposer que les dépenses excédant les recettes de 4,000 livres, il devenait absolument utile que le gouvernement du monastère fût confié à un religieux qui sut, mieux que ne le pouvait faire le capitaine gérant au nom du roi, prendre les mesures nécessaires pour permettre à la communauté de faire face aux charges dont elle était accablée.

Cette demande n'eut pas tout le succès désirable, cependant, elle fut prise en considération, une enquête fut ordonnée par le roi d'Angleterre, et il en résulta un accord que ce prince permit, entre l'évêque de Durham, qui détenait une partie des biens de l'abbaye en Angleterre, et les religieux de Fécamp, accord aux termes duquel une indemnité leur fut allouée en compensation des pertes éprouvées.

Peu de temps après, l'abbé d'Estouteville, qui s'était retiré à Paris, mourut, et en 1423, un abbé agréé par Henri V, fut nommé pour le remplacer et désigné comme juge dans le procès intenté par l'autorité ecclésiastique à Jeanne d'Arc, il vota sa condamnation à mort, et acquit par cette coupable condescendance aux désirs du duc de Betford, régent du royaume de France pendant la minorité de Henri VI, des droits à la faveur anglaise, grâce à laquelle l'abbaye reprit peu à peu sa liberté d'action et rentra même en possession de ses priviléges, car un procès s'étant élevé entre les clercs de Montivilliers et l'abbaye, à propos d'un clerc de celle-ci qui avait été incarcéré par les élus de Montivilliers, le roi signa des lettres-patentes pour conserver intacts les droits, usages, libertés et franchises du monastère.

Ainsi, cette exemption de toute juridiction en dehors de la sienne propre fut un des points les plus saillants dans l'histoire de cette communauté, qui parvint en tout temps à la faire respecter, quelque fut le désir qu'avaient de l'en priver, non-seulement les archevêques de Rouen, mais encore les représentants de l'autorité civile qui, plusieurs fois, tentèrent, sans succès, de réclamer le droit de juger et condamner des vassaux du monastère, sous des prétextes qui furent sans cesse écartés.

Les guerres qui désolèrent la Normandie jusqu'à ce que Charles VII fut parvenu à chasser les Anglais, achevèrent d'amener la perturbation dans les finances de l'abbaye ; les religieux en étaient réduits à cultiver et à faire valoir eux-mêmes leurs terres, ils ne trouvaient plus ni hommes ni bestiaux pour les aider, et les terres, abandonnées par les tenanciers, ne produisaient plus rien ; mais à peine l'étranger eût-il quitté le sol Normand, que de tous côtés affluèrent les dons et les offrandes ; le pape ordonna le paiement de décimes à leur profit, le roi Charles VII leur accorda la franchise de deux muids de sel par an, et Guillaume d'Estouteville, nommé cardinal et archevêque de Rouen, fit aux moines une donation qui leur fut plus agréable que toutes les autres : celle d'un acte qui les exemptait encore une fois de sa juridiction.

C'était la reconnaissance pleine et entière du droit dont ils s'étaient toujours montrés si jaloux de conserver la toute-puissance.

Malheureusement, tandis que la communauté semblait être bientôt en mesure de réparer les désastres que lui avait suscité la guerre, la foudre vint à tomber sur le clocher de l'abbaye et alluma un incendie terrible. « La tour, à cette époque, était surmontée d'une flèche en bois, qui s'embrasa tellement que les cloches en furent fondues et réduites en un bloc de métal. » (1)

Néanmoins, le clocher fut reconstruit; on profita même de la circonstance pour réédifier quelques autres parties des bâtiments et bientôt il ne resta plus trace de ce fâcheux accident.

Suivant la disposition de la règle établie par saint Benoît, le gouvernement de l'abbaye était

---

(1) Fallue.

confié à un abbé librement élu, bien que le choix en eût été généralement arrêté à l'avance par les ducs ou les rois de France, qui ne négligeaient jamais l'occasion de pourvoir un favori d'une riche abbaye. Louis XI conçut le singulier projet de faire nommer abbé de Fécamp un archevêque de Séville, probablement afin d'être certain que le nouveau venu serait libre de toute attache en France et étranger à toute coterie ecclésiastique, ce qui d'ailleurs entrait tout à fait dans le plan de ce roi grand politique qui, décidé à affranchir le pouvoir royal de l'influence considérable des grands vassaux, considérait, malgré les idées de piété fortement enracinées dans son esprit, la féodalité religieuse dangereuse, en raison même de l'autorité sans limite dont disposaient les grands feudataires mitrés et crossés.

Ce fut par cette raison que, sous son règne, les hommes de l'abbaye furent dispensés du service militaire et que les moines ne purent obtenir le droit de réparer les murs de leur forteresse.

Mais l'avénement de Charles VIII au trône de France, changea les dispositions peu favorables à l'égard des moines; par les ordres de ce prince, la forteresse de Fécamp fut réparée, mise en état de défense et le service militaire fut à nouveau imposé aux hommes de l'abbaye.

Ce fut à la même époque, c'est-à-dire le 2 novembre 1492, que fut jugé définitivement un grand procès que l'abbaye, ou plutôt que les abbés de Fécamp soutenaient contre ceux de Saint-Ouen, à l'effet d'obtenir la préséance à l'échiquier de Normandie.

Le différend s'était élevé primitivement entre Gilles Duremont, abbé de Fécamp et l'abbé de Saint-Ouen de Rouen, Jean Richard. L'affaire étant venue devant les gens tenant l'échiquier, au terme de Saint-Michel 1451, il y eut sentence par laquelle la préséance fut adjugée par provision à l'abbé de Saint-Ouen.

Depuis, un autre abbé de Fécamp ayant renouvelé cette contestation en 1492, « les parties furent ouïes et représentèrent chacune de leur côté les raisons qu'elles pouvaient avoir pour appuyer leurs prétentions et pour relever la dignité de leurs églises ; ensuite de quoi l'abbé de Fécamp fut débouté de ses demandes et celui de Saint-Ouen maintenu dans son rang de première séance, par arrêt prononcé le lundi deuxième novembre de la même année. »

« Il y avoit (1) eu, en l'an 1472 ou 1473 vn

---

(1) Histoire de l'abbaye royale de Saint-Ouen de Rouen, par dom Pommeraye, 1662.

pareil différent entre les abbez de la prouince et les doyens des églises tant cathédrales que collégiales, ces derniers ayant prétendu deuoir prendre séance devant les abbez. Les parties comparurent à l'eschiquier qui se tient à Roüen, au terme de Saint-Michel de l'an 1474, où fut fait vn règlement par lequel il fut ordonné que les abbez de Saint-Ouen, de Fescamp, de Saint-Wandrille, de Jumiéges, du mont Saint-Michel et du Bec-Helloüin ayant pris séance, le doyen de Roüen auroit la sienne, puis deux autres abbez et, après ceux-cy, le doyen de Bayeux, ensuite deux autres abbez, puis, de rechef, un doyen et ainsi en continuant dans cet ordre alternatif, sans toutefois que ce règlement préjudiciast en rien aux rangs qu'auoient entre eux ces six premiers abbez, qui vuideroient les difficultez qu'ils pourroient auoir ensemble, comme ils auiseroient bien estre. Or, il n'y auoit que l'abbé de Fescamp qui contestast la préséance à celuy de Saint-Ouen, et encor il étoit mal fondé, comme il parut par le succès de l'affaire qui fut terminée à l'auantage de celuy-cy. »

Une pratique fort usitée dans l'ordre de saint Benoît réunissait les abbés et religieux de divers monastères, afin de se rendre participants les uns les autres de leurs prières, de leurs bonnes œuvres et de plusieurs grâces et faveurs mutuelles exprimées dans des lettres qu'ils s'adressaient réciproquement à cet effet (1).

Dans le catalogue des abbayes associées à celle de Saint-Ouen figure celle de la Trinité de Fécamp, ce qui démontre que si les questions de juridiction épiscopale et de préséance divisaient parfois archevêques et abbés, tous se confondaient dans une même pensée quand il s'agissait d'unir leurs prières de façon à « semer avec les larmes de la pénitence, » selon l'expression contenue en une de ces chartes ou lettres, qui étaient empreintes d'un grand sentiment de confraternité, si nous en jugeons par ce passage : « Scavoir que votre abbé venant chez nous et y demeurant ainsi qu'il luy plaira, aura le pouuoir d'absoudre les moines mesme de nostre conuent qui pourroient estre liez d'une sentence d'excommunication régulière. De plus, que vos moines étant chez nous seront receus dans nostre conuent et admis à la conuersation secrète et commune, ainsi que les religieux mesmes de nostre maison, sans y apporter aucune différence. Davantage, que pour le soulagement de vos moines deffunts, on présentera à Dieu les mesmes suffrages d'aumônes et de prières qu'on a coutume de faire

---

(1) Une de ces lettres fait partie de la belle collection d'autographes qui existe dans la magnifique bibliothèque du château de Lignières-Châtelain (Somme), formée par les soins éclairés de M. le commandeur baron Edouard de Septenville.

pour les nostres. De plus, que s'il arriue, ce qu'à Dieu ne plaise, que quelqu'un de vos moines s'étant enfuy de votre monastère, se réfugie chez nous, dans l'espérance de faire plus aisément sa paix et de poursuivre et d'obtenir plus auantageusement le pardon de sa faute, il luy sera permis de demeurer dans notre maison, pourueu que le cas soit de telle nature que notre règle ne nous empesche point de le receuoir, et il pourra demeurer auec nous jusqu'à ce qu'il ait esté deüement réconcilié auec vous et par le ministère de son propre abbé. » (1)

Ce qui acheva d'éteindre la rivalité jalouse qui existait entre les abbayes de Saint-Ouen et de Fécamp, fut la nomination d'un abbé qui cumula les deux abbayes et trouva le moyen de les administrer toutes deux avec une grande autorité, ce qui ne l'empêcha pas de s'occuper en outre des affaires de l'état et de les mener au mieux, puisque ce fut lui qui négocia le traité de paix intervenu entre la France et l'Angleterre, en 1510, continuant en cela la tradition des abbés de Fécamp, qui furent si souvent des hommes d'état.

Pendant tout le temps que dura l'administration de l'abbé Boyer, les religieux n'eurent qu'à se

---

(1) Dom Pommeraye.

louer de lui; placés sous la direction d'un de ces bénédictins instruits, ayant le goût des arts, aimant la magnificence, les moines se livrèrent de préférence aux travaux intelligents et leur goût, stimulé par des artistes italiens que l'abbé Boyer avait appelés à Fécamp pour exécuter sur ses indications des travaux d'art, s'épura au contact de ces maîtres habiles, qui dotèrent l'abbaye de chefs-d'œuvre (1).

L'abbé Boyer était devenu archevêque de ~~Bordeaux~~ Bourges; son successeur, chargé comme lui d'une mission diplomatique, en revint avec la pourpre du cardinalat et fut grand aumônier de France.

L'abbaye profita des faveurs destinées à son abbé. François Ier, le roi chevalier, par lettres patentes du 27 juin 1521, déclara prendre l'abbaye de Fécamp sous sa sauvegarde et sa protection, avec l'attribution de ses causes aux requêtes du palais.

C'était un témoignage de l'affection que le roi portait à la communauté ainsi qu'à son abbé; mais, à partir de ce moment, les religieux se virent dépouiller du droit de choisir leur abbé et, dorénavant, ce fut François Ier du nom qui pourvut lui-

---

(1) De nombreux spécimens de leur savoir-faire se voient dans le Musée-Legrand, de Fécamp.

même à ce soin, en nommant à l'abbaye de Fécamp des abbés commendataires.

A partir du moment où les abbés commendataires succédèrent aux abbés réguliers, il se fit une grande transformation dans les conditions d'être des abbayes en général, et celle de Fécamp fut bientôt à même de s'en apercevoir.

Le premier acte de son abbé commendataire fut un partage des biens de la communauté, qui eut lieu par une sorte de concordat qui régla désormais la situation réciproque des religieux et de leur abbé.

Au reste, le seizième siècle fut une époque de décadence pour les abbayes bénédictines, privées de la force que donne à un corps un chef puissant et pieux ; on les vit, pour la plupart, livrées à des laïques qui devaient recevoir les ordres dans l'année de leur nomination ; or, comme cette clause n'était jamais exécutée, ces abbés commendataires n'exerçaient pas le pouvoir spirituel, ils se contentaient de recevoir les revenus temporels et déléguaient leur autorité religieuse à un prieur claustral.

On comprend que les abbayes en commende offrirent aux rois une source de bénéfices dont ils pouvaient disposer et dont ils disposèrent le plus souvent, soit comme récompense, soit comme faveur.

Des personnages de la plus haute naissance sollicitaient des abbayes, et la meilleure noblesse de France les recherchait pour ses cadets; aussi voyons-nous pour premier abbé commendataire de Fécamp un cardinal de la maison de Lorraine, qui eut l'honneur de recevoir à son abbaye le roi François Ier, qui s'y logea avec toute sa cour, en 1534, lorsqu'il se rendit dans la province de Normandie pour assister au mariage de François de Bourbon, comte de Saint-Pol, fils du comte de Vendôme et de Marie de Luxembourg, avec Adrienne d'Estouteville, mariage qui fut célébré au château de Valmont.

Après François Ier, ce fut Henri II qui séjourna à l'abbaye de Fécamp, et l'abbé profita de ces heureux événements pour recommander les pauvres gens de Fécamp à la munificence royale, et le roi leur accorda le privilége de franc-salé, c'est-à-dire de recevoir annuellement des officiers des greniers royaux, dix muids de sel contre le simple acquit de 37 livres 10 sous de droits de gabelles.

Le même privilége accorda aux pêcheurs tout le sel dont ils pouvaient avoir besoin pour les besoins de leur profession, ce qui était d'une grande importance pour la ville de Fécamp, dont la population, presque exclusivement composée de pêcheurs, se trouvait ainsi favorisée plus que toutes celles du littoral, Dieppe étant le seul port de pêche sur la Manche qui jouît de la même faveur.

La fortune considérable du cardinal de Lorraine lui permit de faire des largesses à l'abbaye : il lui donna des cloches, enrichit son trésor et quand il mourut, son titre d'abbé passant à son neveu, le cardinal Charles de Lorraine, celui-ci paraissait devoir continuer les libéralités de l'oncle ; mais de grands événements politiques et religieux éclataient dans la vieille France catholique, la société française éprouvant la forte secousse d'idées nouvelles, était sourdement minée, déjà la pragmatique-sanction avait profondément remué l'ancien monde ; considérée comme abolie, son rétablissement fut demandé par le bas clergé lors des états de Tours, en 1484. Les Albigeois en France, Arnaud de Brescia en Italie, Wiclef en Angleterre, Jean Hus en Bohême, avaient attaqué l'église romaine et refusé de reconnaître la suprématie du pape, mais ils avaient échoué dans leurs diverses tentatives. Luther reprit l'œuvre et proclama la réforme en 1517, et les quatre-vingt-treize thèses qu'il soutint, accueillies en Allemagne avec une faveur marquée, préludèrent à des doctrines nouvelles franchement anticatholiques.

La réforme avait commencé en France dans le Nord, déjà le cardinal d'Amboise, ayant pouvoirs du légat en France (1500-1502), avait voulu réformer les Bénédictins et les ordres mendiants très-corrompus.

En 1522, François Ier avait convoqué un concile

général pour réformer l'église de France et pour obtenir les secours du clergé. Les idées étaient beaucoup à la guerre contre les abus monastiques (1). En 1532, Jean Calvin essaya de propager ses doctrines, et, dix ans plus tard, le calvinisme étendait ses ramifications dans toute la France.

L'esprit monacal, en butte aux attaques violentes de la bourgeoisie, des parlements et de l'université, avait fini par avoir le dessous.

Une nouvelle vie allait commencer pour les Bénédictins, qui, tout entiers à la science, la fécondèrent, laissant au nouvel ordre monastique : la société de Jésus, le soin de défendre et réveiller la foi catholique.

---

(1) Augustin Challamel. Mémoires du peuple français.

CHAPITRE III

Les Bénédictins aux prises avec les schismes. Indiscipline à l'Abbaye de Fécamp. — Les Prieurs. — Les troubles politiques et religieux. — Compétition des deux Abbés. — L'escalade de M. de Bois-Rosé. — La peste. — Rétablissement de la discipline. — Les Capucins à Fécamp. — La Congrégation de saint Maur. Un acte capitulaire. — Le droit de vicomté contesté. — Prétention de l'Archevêque de Rouen. — Hommes illustres de la Congrégation. — La révolution à Fécamp. — Pillage de l'Abbaye. — Les Iconoclastes. — Les Bénédictins après la révolution.

Le premier bienfait de l'ordre de saint Benoît fut le triomphe du catholicisme sur l'idolâtrie ; les bénédictins se considérèrent alors comme des apôtres, dont la mission principale était la destruction des idoles et la conversion des nations païennes.

Plus tard, ce ne fut pas seulement contre l'idolâtrie que les moines de saint Benoît durent combattre : une ennemie plus terrible, l'hérésie, se levait au sein même de l'Eglise, et, au premier signal de la foi alarmée, sortirent en foule des monastères, des évêques, des docteurs, de nouveaux ouvriers apostoliques, pour repousser les novateurs et leurs doctrines (¹), et l'arianisme vaincu s'enfuit en Italie ; puis vint le monothélisme, combattu victorieusement par Agathon le Thaumaturge.

Partout les pieux bénédictins démasquèrent le mensonge et parèrent la vérité de toute sa splendeur et de tous ses charmes.

« Enfin, si à des schismes divers succède encore l'hérésie, si Luther et Calvin ressuscitent dans leurs doctrines toutes les erreurs anciennes, la tige bénédictine donnera encore des rejetons de vie et de vérité. Dès que le moine apostat d'Erfust se révolta contre l'Eglise, Jean Staupitz devient son adversaire ; Jean de Feckenham, dernier abbé de Westminster, préfère aux dignités de la réforme qu'il condamne et aux faveurs d'Elisabeth qu'il dédaigne, deux captivités à la tour de Londres et la mort dans l'exil, en attendant que Marc Bastide, grand-prieur de l'abbaye de Fécamp, établisse des conférences publiques de controverse, pour la conversion des hérétiques. »

A Fécamp comme ailleurs, la discipline religieuse s'était considérablement affaiblie et le prieur se trouvait souvent, trop souvent même, dans l'obligation de recommander aux moines d'assister aux offices, ce qu'ils négligeaient de faire, et surtout de s'abstenir de communiquer avec les hu-

---

(1) L'abbé Cirot de la Ville. — *Passim*.

guenots ou grimauts ; défense leur était faite de lire les libelles vulgairement appelés catéchisme de Calvin, et ils devaient, sous peine d'excommunication, dénoncer ceux d'entre eux qui donnaient dans les idées nouvelles.

Ce qui n'empêchait nullement que des rixes eussent lieu journellement sur les terres de l'abbaye, que des troubles sérieux éclatassent à Fécamp, et qu'on vît des troupes de mauvais sujets faire irruption dans le monastère, y piller, y voler et y renouveler toutes les profanations qu'avaient précédemment commises les hommes du Nord, sous la conduite d'Hasting.

Les moines, casque en tête et arquebuse en main, faisaient le coup de feu, bataillaient et prirent si bien goût à cette vie de tapage et d'aventures, qu'un certain nombre d'entre eux jetèrent le froc aux orties et demeurèrent soldats ou à peu près.

D'autres, sous prétexte de mettre en sûreté des objets précieux appartenant à la communauté, les emportèrent et plus tard refusèrent de les rendre.

Rouen, le Havre, Fécamp tombèrent successivement au pouvoir des protestants, ce qui fut loin de ramener l'obéissance à la discipline.

Enfin, les catholiques reprirent et pillèrent Rouen ; le Havre fit sa soumission et Catherine de

Médicis vint passer quelques jours à l'abbaye de Fécamp, en compagnie de son fils, Charles IX. Tous deux furent reçus de façon à prouver aux augustes visiteurs combien Fécamp tenait à honneur de montrer sa fidélité au roi de France ; des décharges d'artillerie, des cris de joie et des protestations de dévouement signalèrent cette double visite.

L'édit d'Amboise, publié le 19 mars 1563, semblait avoir terminé la première guerre de religion ; néanmoins, les religieux étaient sans cesse en querelle avec les gens du dehors, et bien que le roi eût défendu « de porter par les champs harquebuses, pistolets et autres bâtons à feu » (1), il ne se passait pas de jour qu'ils ne sortissent du monastère en armes, soit pour se défendre contre les attaques sans cesse renaissantes des huguenots, soit pour accomplir des promenades qui tenaient à la fois du défilé militaire et de la procession, et au milieu desquelles on faisait figurer les reliques du précieux sang.

Le prieur de l'abbaye était fort mécontent de tout ceci, mais son autorité était sans cesse méconnue, et il devait se borner à faire des défenses qui montrent combien le relâchement était grand dans le monastère. En voici une ce ce genre :

---

(1) Mém. de Cl. Haton, 1564.

« **Défense à Messieurs les religieux** de hanter ceux de la religion nouvelle, ni de les introduire à boire et à manger dans leurs chambres, ni de les recevoir dans leurs lits, à moins qu'ils ne les connaissent bien et qu'ils puissent en répondre. »

Tout ce désordre dura tant que les abbés de Fécamp continuèrent de s'occuper exclusivement des affaires politiques et laissèrent la direction de l'abbaye à des prieurs, dont nul ne respectait le pouvoir, et on pouvait appliquer au cardinal de Guise, qui succéda au cardinal de Lorraine, ces paroles du psalmiste : *Si vous détournez votre visage, nous serons dans le trouble ; si votre esprit de conseil s'éloigne de nous, nous cesserons de vivre.*

L'ordre des bénédictins, inquiété en France par la réforme, était frappé de mort et de stérilité en Angleterre, depuis qu'Henri VIII avait ordonné la visite générale de tous les monastères ; ceux qui refusèrent de remettre leurs biens au roi devinrent l'objet de la persécution.

Les prieurés d'Espagne furent plus heureux ; Philippe Ier d'Autriche et Charles-Quint leur assurèrent des années de tranquillité et de calme qu'enviaient ceux de France, et la réforme de sainte Thérèse imprima à la vie monastique en Espagne un mouvement énergique de sainteté que nul ne contesta.

En France, la guerre de religion, les intrigues des Guise, le déchaînement des passions politiques plongeaient le pays dans une ère de crimes de toute nature.

Les sages règlements du Concile de Trente amenèrent la création de la congrégation des Bénédictins exempts, ainsi nommés, en raison des priviléges qui leur furent accordés.

C'était une observation nouvelle des pratiques monastiques qui demandaient un grand détachement de toutes autres pensées, et plusieurs monastères, entre autres ceux de saint Waast, de saint Pierre, de saint Bertin, de saint Omer, de saint Pierre de Lobbes et du Saint-Sépulcre de Cambrai, entrèrent dans la congrégation qui, en 1580, s'accrut encore de ceux de Vendôme, de Marmoutier, de Redon, de Saint-Benoît-sur-Loire et du Bourg-Dieu ; mais Fécamp demeura en dehors de cette congrégation dont le succès fut de courte durée et devait bientôt disparaître devant celle de Saint-Maur, qui soumit à sa réforme la plupart des monastères de France.

Pendant les fureurs de la Ligue, dom Nicolas de Campion, grand-prieur de l'abbaye de Fécamp, parvint, grâce à sa fermeté, à ramener un peu de discipline parmi les moines et il fut sans doute arrivé à de meilleurs résultats encore, si l'assassinat du cardinal de Guise n'était venu raviver les colères religieuses ; des processions journalières furent ordonnées en expiation du forfait, et ces cérémonies pieuses, fort mal vues par les huguenots, achevèrent d'irriter les esprits ; on ne tarda pas à en venir aux mains.

Le prieur fut insulté publiquement dans une rue de la ville, le capitaine de la forteresse, le sacristain et plusieurs autres personnes furent enlevés et conduits prisonniers en lieu sûr ; l'agitation était à son comble, et l'armée du roi de Navarre qui s'avançait sur le Havre ne contribuait pas peu à augmenter l'inquiétude générale.

Chacun s'arma, on forma des compagnies franches et le chapitre, invité par M. de Villars, gouverneur du Havre, à se tourner vers Dieu, « pour implorer son aide par des prières et des oraisons publiques et particulières », décida qu'il y aurait des processions générales le dimanche, le mercredi et le vendredi de chaque semaine.

Tous ces événements n'enrichissaient pas les religieux, plus de quêtes abondantes, plus de dons des riches particuliers, la gêne, plus que la gêne, la misère était à l'abbaye, et un jour qu'il fallut louer un cheval pour envoyer un messager à M. de Bornes, procureur de l'abbaye à Rouen, la caisse des moines était si complétement vide, qu'on dut vendre une pièce d'argenterie pour faire face à cette modeste dépense, et les pauvres bénédictins étaient si dépourvus, qu'ils durent s'adresser à une bonne âme qui voulût bien se charger de leur nourriture, en attendant que les choses s'arrangeassent.

Elles ne s'arrangeaient guère, et les deux armées étaient en présence ; mais le théâtre de l'action s'établissait aux environs de Paris et l'abbaye, un peu délivrée de ses anxiétés, put recevoir son nouvel abbé en remplacement du cardinal assassiné ; mais ses tribulations n'étaient pas terminées, la maison de Guise réclama à Rome, pour un des siens, la survivance du cardinal et le pape consentit à nommer Louis de Lorraine, neveu du cardinal, abbé de Fécamp.

De son côté, Aymard de Chattes, l'abbe titulaire, tint bon, et se prévalant de sa nomination, parvint à se maintenir malgré les Guise. Les moines ne demandaient pas mieux que de le conserver, dans l'espoir qu'il s'occuperait plus d'eux que son prédécesseur, et ils furent heureux d'apprendre que le roi entendait que l'abbé de Chattes demeurât en possession de son abbaye.

Cette possession devait encore être troublée par un parti du roi de Navarre, qui vint tout à coup assiéger les forts de l'abbaye et les enlever.

M. de Villars averti, se hâta d'accourir à la tête de nombreuses troupes à l'effet de reprendre la forteresse, ce qui eut lieu ; mais à peine était-elle rentrée au pouvoir de la ligue, que l'armée du maréchal Biron vint à son tour pour s'en emparer.

Le lieutenant de Coqueréaumont, qui la défendait, fit connaître aux moines qu'il était dans l'impossibilité de lutter contre l'armée du maréchal et il les en avertissait afin qu'ils eussent à prendre telles mesures qu'ils jugeraient convenables.

L'abbé qui gouvernait Dieppe était retourné dans cette ville ; les moines, livrés à eux-mêmes, réparaient tant bien que mal les brèches faites aux murailles.

Mais un matin, l'armée du maréchal de Biron parut devant Fécamp et la résistance ne fut pas longue ; bientôt la ville et l'abbaye furent occupées et mises quelque peu au pillage par des soldats et des aventuriers de toute espèce, qui faisaient la guerre en ravageurs. Ce fut à ce moment que se passa l'épisode de l'escalade du fort de Notre-Dame-du-Bourg-Beaudouin, par le capitaine de Bois-Rosé, qui reprit cette place sur une garnison de la ligue.

Bien que ce fait d'armes ait été consigné par Sully dans ses mémoires, il est permis de croire que la tradition l'a quelque peu agrémenté.

Quoi qu'il en soit, nous croyons devoir rapporter telle quelle la narration du grave Sully :

« Le côté du fort qui donne sur la mer est un

rocher de six cents pieds de haut, coupé en précipice, et dont la mer lave continuellement le pied... Bois-Rosé, à qui toute autre voie était fermée pour surprendre une garnison attentive à la garde d'une place nouvellement prise, ne douta point que, s'il pouvait aborder par cet endroit, regardé comme inaccessible, il ne vînt à bout de son dessein : il ne s'agissait plus que de rendre la chose possible, et voici comment il s'y prit :

« Il était convenu d'un signal avec deux soldats gagnés, et l'un d'eux l'attendait continuellement sur le haut du rocher, où il se tenait pendant tout le temps de la basse marée. Bois-Rosé ayant pris le temps d'une nuit fort noire, vint, avec cinquante soldats déterminés et choisis exprès parmi des matelots, et aborda avec deux chaloupes au pied du rocher. Il était encore muni d'un gros câble, égal en longueur à la hauteur de la falaise, et il y avait fait, de distance en distance, des nœuds et passé de courts bâtons, pour pouvoir s'appuyer des mains et des pieds. Le soldat qui se tenait en faction, attendant le signal depuis six mois, ne l'eut pas plutôt reçu, qu'il jeta du haut du précipice un cordeau auquel ceux d'en bas lièrent le gros câble, qui fut guindé au haut par ce moyen et attaché à l'entre-deux d'une embrasure avec un fort levier passé par une agrafe de fer faite à ce dessein. Bois-Rosé fit prendre les devants à deux sergents dont il connaissait la résolution et ordonna aux cinquante soldats de s'attacher de même à cette espèce d'échelle, leurs armes liées autour de leur corps, et de suivre à la file, se mettant lui-même le dernier de tous, pour ôter aux lâches toute espérance de retour. La chose devint d'ailleurs bientôt impossible ; car, avant qu'ils fussent seulement à moitié chemin, la marée, qui avait monté de plus de six pieds, avait emporté les chaloupes et faisait flotter le câble. Qu'on se représente au naturel ces cinquante hommes suspendus entre le ciel et la mer, au milieu des ténèbres, ne tenant qu'à une machine si peu sûre, qu'un léger manque de précaution, la trahison d'un soldat mercenaire ou la moindre peur, pouvait les précipiter dans les abîmes de la mer ou les écraser sur les rochers ; il y avait dans tout cela de quoi faire tourner la tête au plus assuré de la troupe, comme elle commença en effet à tourner à celui-là même qui la conduisait. Ce sergent dit à ceux qui le suivaient qu'il ne pouvait plus monter et que le cœur lui défaillait. Bois-Rosé, à qui ce discours était passé de bouche en bouche et qui s'en apercevait parce qu'on n'avançait plus, prend son parti sans balancer. Il passe par-dessus le corps de tous les cinquante qui le précèdent, en les avertissant de se tenir ferme, et arrive jusqu'au premier, qu'il essaye d'abord de ranimer : voyant que par la douceur il ne peut en venir à bout, il l'oblige, le poignard dans les reins, de monter, et sans doute que, s'il n'eût obéi, il l'aurait poignardé et précipité dans la mer. Avec toute la peine et le travail qu'on s'imagine, enfin la troupe se trouva au haut de la falaise, un peu avant la pointe du jour, et fut introduite par les deux soldats dans le château, où elle commença par massacrer sans miséricorde le corps de garde et les sentinelles : le sommeil livra presque toute la garnison à la merci de l'ennemi, qui fit main basse sur tout ce qui résista et s'empara du fort. »

Dès que le bruit de cet événement se fut répandu, Villars réunit au plus vite des troupes au pied de la forteresse et voulut à tout prix rentrer en possession du fort, si malencontreusement perdu pour lui.

Bois-Rosé, avec ses cinquante hommes, supporta un siége qui ne dura pas moins de treize mois et ce ne fut que, poussé à bout par le manque de vivres, qu'il se décida à remettre le fort à Henri IV en personne.

Naturellement, ces treize mois de siége furent désastreux pour l'abbaye. « Le monastère n'était pas plus respecté que ce qui l'environnait ; les chevaux des gens d'armes occupaient les écuries et jusqu'au bâtiment servant de four à la communauté, et les soldats qui y étaient casernés ajoutaient encore au désordre en introduisant dans leurs chambres tout ce qu'une excessive licence permet de supposer ; ils jouaient journellement à la paume, dans le réfectoire, où ils faisaient mille dégâts ; on fut obligé d'en enlever les vîtres par panneaux, d'emmurer les portes et les fenêtres, et de ne laisser que les ouvertures nécessaires pour recevoir un peu de jour dans l'intérieur. » (1)

Bientôt à ces misères vint se joindre une nouvelle calamité pour les malheureux bénédictins ; la peste fit des ravages terribles à Fécamp ; on fut obligé de faire évacuer du fort les frères de charité de saint Léger et de saint Thomas qui portaient continuellement les individus morts de la peste et on renvoya de l'église les pauvres qui venaient s'y réfugier.

Enfin, tant de malheurs accumulés devaient avoir une fin. En 1594, Henri IV abjura ses erreurs ; ce fut le signal de l'apaisement dans toutes les provinces soulevées. Ce prince vint à Rouen et, pendant son séjour, y confirma les priviléges de l'abbaye de Fécamp, qui, peu à peu, grâce aux bienfaits de la paix, retrouva les éléments de prospérité dont elle était privée depuis si longtemps et des ordres supérieurs eurent pour objet de ramener parmi les religieux la régularité monacale

---

(1) Léon Fallue.

dont ils s'étaient tant éloignés. Ce fut ainsi qu'on vit le vicaire général prescrire de faire des visites dans les chambres des moines afin d'y saisir les armes qui pourraient s'y trouver cachées, de leur interdire la fréquentation des tripots et des taverns, de coucher des serviteurs dans leurs dortoirs, d'avoir des chambres en ville, et il ordonna de fermer les portes de l'église afin d'empêcher les novices d'aller par les rues de Fécamp au lieu d'être à matines.

« Les novices étaient tellement remuants, dit ingénuement l'historien Fallue, qu'on ne pouvait en avoir raison et qu'ils s'enfuyaient du couvent lorsqu'ils se voyaient sur le point d'être punis. »

Les moines chassaient, passaient leurs temps en promenade, allaient dîner en ville, toutes habitudes qu'ils avaient prises dans la vie militaire qu'ils avaient menée pendant les troubles et à laquelle ils revenaient sans cesse, bien qu'elles s'accordassent peu avec les devoirs de leur état.

L'abbé de Chattes mourut en 1603 et ce fut le cardinal de Joyeuse qui demeura en paisible possession des revenus de l'abbaye, administrés par le grand-vicaire Charles de Campion ; le cardinal s'occupant beaucoup plus, comme nombre de ses prédécesseurs, d'affaires politiques que de la direction de son abbaye ; il était en ambassade auprès du pape, à Avignon, lorsque la mort vint le surprendre, en 1615 ; cette mort fit tomber les revenus de l'abbaye en régale, situation fâcheuse dont vint les tirer la nomination de Henri de Lorraine au titre d'abbé. C'était un titre purement honorifique, puisque le nouvel abbé n'avait que trois ans lorsqu'il fut nommé ; aussi le cardinal de Bérulle fut-il désigné par le pape pour exercer les actes de ce ministère, tant que durerait la minorité du jeune Henri ; toutefois, le véritable abbé, celui qui gouvernait réellement, c'était la duchesse de Guise, mère du jeune prince, qui avait pris la haute main des affaires administratives et y exerçait une autorité absolue.

Ce fut pendant cet abbatiat que le nombre des moines de l'abbaye fut porté à quarante-deux, et que les pères capucins vinrent faire bâtir une maison à Fécamp où, avec l'autorisation des bénédictins, ils plantèrent et firent bénir la croix de leur ordre.

Mais nous touchons à une époque de transformation pour l'abbaye de Fécamp.

Aux états généraux de 1614, le clergé de France avait exprimé le vœu de voir importer dans le royaume la réforme naissante du monastère de saint Vanne en Lorraine, et l'abbé de ce monastère, reconnaissant l'impossibilité de rattacher les différents couvents à la réforme, jugea utile de solliciter auprès du roi l'érection d'une congrégation nouvelle placée hors de sa dépendance et dans laquelle viendraient s'affilier toutes les communautés réformées.

Louis XIII lui accorda des lettres patentes constitutives en août 1618, et l'existence de la congrégation de saint Maur fut solennellement reconnue et confirmée en cour de Rome, le 17 mai 1621.

Déjà plusieurs couvents s'étaient placés sous sa direction, lorsqu'on annonça que les commissaires du roi devaient arriver au monastère de Fécamp, pour y procéder à la réforme qu'il était nécessaire d'y apporter.

Toutefois, il faut croire que la situation de l'abbaye ne parut pas aussi mauvaise aux commissaires qu'on pourrait le supposer ; le vicaire général de Campion, prévenu de la visite, avait eu le temps d'établir une discipline qui sauva les apparences, et ce ne fut que longtemps après, c'est-à-dire en 1649, que la réforme fut introduite dans la communauté, suivant les dispositions d'un concordat passé entre les anciens et les nouveaux religieux.

Les bénédictins réformés continuèrent à vivre en bonne intelligence avec les capucins qui étaient venus s'établir à Fécamp, car nous les voyons sous l'abbatiat de Jean-Casimir, roi de Pologne, donner à ces religieux qui « se trouvaient dans le besoin » un poinçon de vin.

Des dons et des libéralités nombreuses, faites par l'abbaye à cette époque, attestent qu'elle avait reconquis tout ce que les troubles des règnes précédents lui avaient fait perdre ; l'abbaye, dépendant de la congrégation de saint Maur, avait bénéficié de la grande renommée dont jouissait déjà cette illustre maison, dont les membres se distinguaient journellement par la publication de leurs magnifiques ouvrages.

Sagement administrée par le grand vicaire Placide Roussel, la communauté était en pleine possession de tous ses droits féodaux, ainsi que le constate un acte capitulaire, daté du 6e jour de novembre 1668 (1), aux termes duquel les religieux, capitulairement assemblés, sur la requête à eux présentée par les officiers de la haute justice de Vittefleur, dépendant de ladite abbaye, suivant l'assignation faite par M. le duc de Verneuil :

« Nous (Placide Roussel), avons continué et maintenu, continuons et maintenons en faveur de Naguet escuyer sieur de Vulfran à l'exercice de bailly de ladite haulte justice de Vittefleur dépen-

---

(1) L'original de cette pièce est aux mains de M. A. Legrand aîné, de Fécamp, qui possède une partie des titres de l'abbaye.

dant de nostre ditte abbaie, Mre Jean Delacourt en celle de lieutenant général, M. Thomas Boullard en celle de lieutenant particulier, Mre Nicolas Haus et Martin Couillard en celles d'advocat et procureur fiscal et Jehan Gautier en celle de sergent en chef et qu'à l'effait des présentes, le serment préalablement rendu à nostre dit chapittre par lesdits officiers ils soient actuellement mis et continués par le révérend père Lecoq, procureur de la communaulté de ladite abbaie en la fonction d'iceux officiers pour être par eux ladite justice exercée et administrée durant la vacance de ladite abbaie sous le nom et authorité dudit chapitre, car telle est notre intention ainsy que plus amplement elle est exprimée par nostre acte capittulaire de ce jourd'hui. »

Cet acte est signé Placide Roussel, prieur et vicaire, et par commandement de messire sieur grand prieur et vicaire, contresigné et scellé.

Mais ces droits étaient parfois contestés ; ce fut ainsi qu'en 1683, on vit les marchands de Fécamp refuser le droit de vicomté que le collecteur de l'abbaye prélevait sur les marchandises ; le fermier de l'abbaye, Elie Reaux, fit citer les récalcitrants devant le siége de l'amirauté qui les condamna ; mais ceux-ci en appelèrent devant l'intendant de la marine, et l'intendant déclara les moines mal fondés à percevoir l'impôt, et presque immédiatement après, la fonction de vicomte de la mer, qui appartenait à l'abbaye, fut supprimée et remplacée, au nom du roi, par un simple receveur des droits de l'amirauté.

Probablement encouragé par ces faits, l'archevêque de Rouen reprenant l'œuvre de ses prédécesseurs, songea à faire cesser l'exemption dont jouissaient l'abbaye et ses paroisses, et afin qu'elles rentrassent sous le pouvoir épiscopal, il écrivit un long mémoire à cet effet ; mais il fut réfuté par dom Fillastre, l'un des moines célèbres de l'abbaye, le collaborateur de Mabillon, qui, dans une réponse très-remarquable par sa logique, sa clarté et sa dialectique, eut raison des prétentions non fondées de l'archevêque, et l'abbaye, encore une fois, resta en pleine possession de ses priviléges.

Dom Fillastre ne fut pas le seul moine de Fécamp qui se distingua par ses écrits ; tous, à l'envi, se montraient les émules des pères de l'abbaye de saint Maur, qui envoyèrent à Fécamp des religieux de la congrégation, pour faire un cours de philosophie et de théologie, et pour y enseigner les sciences divines et profanes, ce qui fit de l'abbaye de la Sainte-Trinité une des écoles les plus renommées et des plus fréquentées.

Mais si chacun s'inclinait devant le mérite des bénédictins et rendait hommage à leur science, l'autorité royale se substituait peu à peu à celle de la communauté et ne négligeait aucune occasion de s'affirmer, de façon à abattre la suprématie religieuse, déjà considérablement amoindrie par la suppression des abbés réguliers ; ce fut ainsi que, sous l'abbatiat de Neuville de Villeroy, à propos de la démolition d'une maison appartenant à l'abbaye et dont il s'agissait d'utiliser les matériaux, un commissaire du parlement fut délégué et il fit comparaître des représentants des trois ordres : du clergé, de la noblesse et du tiers état, qui se prononcèrent sur l'opportunité de la démolition. Les moines n'étaient donc déjà plus souverains maîtres d'agir à leur guise et de disposer de leur bien comme ils l'entendaient.

Au reste, il faut reconnaître à leur louange, que les pères de la congrégation de saint Maur, d'un jugement supérieur à celui des anciens moines, avaient des vues beaucoup plus larges et n'accordaient qu'une importance très-secondaire à des questions qui, un siècle plus tôt, eussent révolutionné l'abbaye ; leur grande préoccupation était la science, l'étude, le travail, et les mesquines ambitions, les petites vanités, qui furent la source de tant de troubles dans les couvents pendant le moyen âge et la renaissance, disparaissaient devant la grandeur du but que poursuivaient ces infatigables chercheurs, ces écrivains qui se partageaient la tâche sublime de doter le monde entier du fruit de leur savoir.

Le dix-huitième siècle, si fertile en grands hommes, fut le siècle le plus brillant pour l'ordre de saint Benoît, et jusque dans la plus mince abbaye, on trouve quelque savant ayant consacré ses jours à la publication d'un ouvrage historique ou scientifique, et ce n'était pas pour jouir de la gloire qui s'attache au nom de l'écrivain, car plus d'un ouvrage paraissait sans signature, ainsi que le témoigne cette lettre de dom Jean Népomucène à dom Clément [1].

« Si je ne suis pas empêché dans le cours de l'hiver, je me propose de mettre la dernière main à mon ouvrage sur l'histoire de l'ordre des Carmes; il renfermera son origine en Orient dans le milieu du siècle, ses progrès et sa suppression et son passage en Occident. Si je le publie, il sera anonyme et je tâcherai de vous en envoyer quelques exemplaires pour faire présent à vos amis. »

A Fécamp, l'historien Fallue relève parmi les noms des savants qui florissaient à cette époque :
Dom Prevot d'Exiles, connu par plusieurs

---

[1] Correspondance des Bénédictins, aux mains de M. A. Legrand aîné, de Fécamp.

opuscules et laborieuses compilations; dom Philippe Le Cerf de la Viéville, auteur du livre *Bibliothèque historique et critique des auteurs de la congrégation de saint Maur.* « Ce père avait envoyé son ouvrage au général de l'ordre, dom Sainte-Marthe, qui refusa de le faire imprimer, à cause des traits satiriques qu'il lançait contre quelques-uns de ses confrères. Dom Prevot, à qui ce manuscrit tomba dans les mains, l'envoya en Hollande où il fut imprimé. »

Dom Bonnet, auteur de : *Biblia maxima patrum.*

Dom Bessin, auteur des *Conciles de la province de Rouen;* il corrigea en outre, sur les manuscrits, les historiens normands recueillis par Duchesne. Le pape lui fit remettre une médaille d'or pour la part qu'il avait prise à l'édition des ouvrages de saint Grégoire.

Dom Nicolas Asselin, auteur des *Commentaires sur les pseaumes.*

Dom Guérard, auteur de l'*Abrégé de la sainte Bible,* en forme de questions et de réponses familières.

Dom Pisant, auteur d'un traité historique et dogmatique des priviléges et exemptions ecclésiastiques.

Dom Charles de Toustain, le collaborateur de dom Tassin pour le *nouveau Traité de diplomatique.*

Dom Lenoir, dom Texier de Saint-Prix, dom Patallier, dom Vannier, dom Maheut, etc.

Malheureusement, nombre de grands travaux littéraires entrepris par ces opiniâtres travailleurs ne devaient pas être terminés ; la révolution avançait à grands pas et la vie paisible des cloîtres allait être brusquement interrompue, brisée, par une nation en délire qui, au nom des principes les plus beaux de l'humanité, devait commettre les excès les plus révoltants.

Des idées d'émancipation et de liberté germaient partout et la noblesse qui, la première, s'était passionnée pour tout ce qui était de nature à séduire l'imagination des gens de bien, avait, dans un élan généreux dont elle devait être la première victime, donné le signal de l'abolition des priviléges.

A Fécamp, ce fut un gentilhomme, le comte de Romé du Bec qui, dans une assemblée populaire tenue dans la nef de l'église abbatiale, déclara renoncer aux droits et priviléges des nobles et demander l'abolition de la coutume de Caux en matière d'hérédité, ainsi que celle du droit d'aînesse.

Le prieur dom Le Maire avait fait de son mieux pour conjurer l'orage, il avait ouvert les portes de l'abbaye aux assemblées populaires, des vivres et des secours de toute nature avaient été mis à la disposition des indigents ; l'abbé, le cardinal de la Rochefoucault dont la charité et la bonté d'âme étaient au-dessus de tout éloge, ne tarissait pas en aumônes; mais tout cela ne pouvait rien contre la révolution qui, semblable à un torrent dévastateur, devait tout renverser et tout engloutir.

L'assemblée nationale avait demandé un état général des revenus du clergé; ceux de l'abbaye de Fécamp y figurèrent pour la somme brute de 158,978 livres.

Les revenus de l'abbé étaient évalués à cent mille livres.

Du 2 au 6 novembre 1789, l'assemblée fit main basse sur les biens du clergé, les propriétés ecclésiastiques furent mises à la disposition de la nation.

« Quatorze siècles de possession, les Capitulaires de Charlemagne, les donations de Clovis, la sanction des rois, les services rendus, les pauvres secourus, la civilisation propagée et secondée, rien ne put arrêter le coup de massue qui tomba de tout son poids sur le clergé. Les couvents furent abolis, l'orage de l'opinion populaire soufflait si violemment, que pas une voix ne s'éleva en faveur de la vie cénobitique. Bénédictins, chartreux, carmes, trappistes tombaient, emportés par le même anathème, enveloppés dans le même tourbillon. » [1]

---

(1) Dutilleul. Histoire des corporations religieuses en France.

La loi rendue, quarante religieux, sans compter les novices, quittèrent l'abbaye de Fécamp, dont les portes furent mises sous scellés, et bientôt des administrateurs du directoire vinrent achever la spoliation, en dressant l'inventaire de toutes les richesses mobilières, artistiques et littéraires qui garnissaient l'abbaye et qui furent disséminées de tous côtés.

Il n'y avait rien à faire pour empêcher le vandalisme officiel. Une fois que tout eut été déménagé et pillé au nom des nouvelles lois, on s'occupa de vendre le monastère, et un M. de Vismes se présenta pour acheter l'abbaye et ses dépendances, au nombre desquelles était la chapelle de la Vierge, et il se trouva un conseil municipal qui déclara ne pas s'opposer à cette vente, et ce fut le procureur de la commune, aidé du maire, M. Bérigny, qui parvint à empêcher qu'elle eût lieu, en protestant contre la décision du conseil.

Mais les révolutionnaires ne s'arrêtèrent pas en si beau chemin et la horde démocratique, dépitée de ne pouvoir démolir l'église, assouvit sa rage imbécile en s'en prenant aux armoiries, aux statues qui en décoraient l'intérieur, et après les emblèmes, ils passèrent aux personnes, insultant, dénonçant et traquant les anciens religieux bénédictins, qui furent obligés de quitter le pays pour échapper à la fureur de leurs persécuteurs, et comme les iconoclastes fécampois ne suffisaient pas pour détruire les chefs-d'œuvre de sculpture et de peinture que le temps avait respectés, une troupe de misérables, appartenant à la légion de Beauvais, vint occuper Fécamp et se logèrent à l'abbaye où, avec cette haine profonde de tout ce qui est digne d'admiration et de respect, qu'on remarquait chez les républicains, ils s'empressèrent de briser tout ce que les « patriotes de la ville » avaient laissé entier ; les tombeaux, les images des saints furent détruits par cette tourbe immonde, et les cloches mêmes ne furent pas épargnées, tant l'envie et la fureur révolutionnaire aveuglaient ces brutes en délire, qui organisèrent le culte de la Raison ! et firent servir l'abbaye à leurs ignobles saturnales.

Mais hâtons-nous d'en finir avec ces souvenirs qui soulèvent le cœur de dégoût, et disons que si Fécamp donna le triste spectacle de sa participation à la révolution, sa population fut vite désabusée, et lorsque vint la chute de Robespierre, le premier mouvement de la foule, en apprenant la fin de l'infâme scélérat, fut de courir aux églises dont elle força les portes et de rendre grâces à Dieu. Plusieurs religieux qui gémissaient dans les prisons furent relaxés, entre autres le bénédictin Letellier qui, après avoir été nommé curé constitutionnel, avait été mis en prison pour avoir mis en lieu sûr la relique du précieux Sang.

L'abbaye, église paroissiale, redevint la maison de Dieu et l'asile de la prière ; mais les moines, que le vent de la révolution avait dispersés, ne reparurent plus et lorsque les bénédictins purent de nouveau se livrer à leurs travaux en France, sans crainte d'être inquiétés, ils s'établirent dans les diocèses de Marseille, de Poitiers, de Sens, d'Auch, de Cambrai et, de nos jours, l'abbaye de Solesme est devenue le chef et le berceau d'une nouvelle congrégation française de l'ordre bénédictin, — et ses membres y continuent les grandes traditions littéraires des bénédictins de saint Maur dont ils sont les dignes successeurs.

CHAPITRE IV

L'Abbaye actuelle. — Coup d'œil sur l'ensemble de l'édifice. — Extérieur de l'Eglise. — Son intérieur. — Le Tabernacle. — Les Chapelles. Le Pas de l'Ange. — L'Horloge. — Les Tombeaux. — La Sacristie. — La Messe du Précieux-Sang.

Si l'abbaye de Fécamp ne disparut pas sous les coups redoublés que lui porta la révolution, ce qu'il en reste ne saurait donner une idée, même approximative, de ce qu'était autrefois ce magnifique monastère, que les plus grands personnages de la Normandie s'étaient plu à enrichir et à protéger.

La haine stupide des révolutionnaires contre les édifices religieux s'est manifestée là comme partout ; néanmoins, si les grands bâtiments claustraux ne sont plus, l'église abbatiale fait encore aujourd'hui l'orgueil de la ville de Fécamp, et le souvenir des savants religieux qui pendant des siècles illustrèrent cette vieille cité normande, est encore vivace parmi sa population, qui a conservé, malgré certaines excitations démagogiques dont le mépris public fait bonne justice, les traditions religieuses et les saintes croyances qu'on a toujours respectées dans le pays de Caux.

C'est sous la dénomination d'église paroissiale de la Sainte-Trinité qu'on désigne aujourd'hui l'ancienne église de l'abbaye, plusieurs fois incendiée, réédifiée, restaurée et agrandie depuis sa fondation.

L'emplacement du monastère couvrait autrefois treize acres de superficie ; il était entouré de murs crénelés dont on voit encore la trace dans quelques endroits de la ville.

Les bâtiments occupaient une longueur de plus de 310 mètres.

L'église, située au milieu de la ville actuelle, a considérablement changé d'aspect, si on la compare à celle dans laquelle se prosternaient les saintes religieuses qui préférèrent se mutiler le visage que de subir les outrages des Normands.

Cette église primitive fut renversée par les pirates et relevée par les soins pieux de Guillaume-Longue-Epée, et son fils Richard, la trouvant trop exiguë, la fit reconstruire à nouveau. En 1167, le feu y prit et un second incendie survint encore en 1170.

L'abbé Raoul d'Argences fit de son mieux pour réparer les désastres occasionnés par ces deux sinistres, et lors de la seconde réédification, il fit allonger la nef de cinq arches et voulut qu'un beau portail décorât son église. Deux tours furent aussi ajoutées au monument, mais à la fin du xviie siècle, ces tours étaient déjà tombées en ruines.

On attribue à Guillaume de Putot, onzième abbé, la construction de la chapelle de la Vierge et de deux autres chapelles dont il sera parlé plus loin.

Guillaume de Putot rendit à l'église sa physionomie primitive à l'intérieur, et l'abbé Thomas de saint Benoît fit aussi élever des chapelles.

Mais ce fut Antoine Boyer qui fit restaurer la demeure abbatiale, rétablir le cloître et grandement embellir l'église.

Le touriste, qui de nos jours fait une promenade archéologique autour de la célèbre abbaye, ne peut qu'être attristé à la vue des altérations que le temps et les hommes lui ont fait subir. Ici et là les siècles ont fait d'un pan de mur une ruine solennelle ; mais ici et là aussi, des architectes ignorants, sous prétexte de réparations, sont venus plaquer sur l'édifice chrétien de ridicules pastiches grecs, si l'on veut, ou romains, si l'on préfère.

L'intérieur seul de la *Sainte-Trinité* n'a pas été profané par les maçons modernes, du moins dans l'ensemble de son caractère architectural.

Vue à vol d'oiseau, l'abbaye a la forme d'une croix latine, et celui qui l'eût contemplée ainsi en plein douzième siècle, eût pu apercevoir, s'abritant autour de cette immense croix de pierre, des bâtiments à arcades monacales se développant en longues perpendiculaires jusqu'aux immenses jardins qui formaient la propriété des moines bénédictins, jardins qu'enclavait un mur d'enceinte et qui s'étendaient, d'un côté jusqu'à la rivière de la Voûte, de l'autre jusqu'à la plaine qui avoisine les côteaux de Valmont.

Aujourd'hui, bien que le vaisseau de l'église n'ait rien perdu de son caractère ogival, que les briques de couleur dont il est bâti aient encore tout leur pittoresque de maçonnerie, cependant, cette rivale de Saint-Ouen de Rouen a dû se résigner à de bien tristes voisinages au point de vue de l'architecture.

D'abord, au lieu de ces arceaux monastiques, qui étaient en si parfaite harmonie avec l'ensemble du monument religieux, il y a aujourd'hui des arcades municipales, qui sont loin de faire honneur au savoir archéologique de celui qui en ordonna la construction. A un portail du douzième siècle, ornementé à la chrétienne, a succédé une malheureuse grande porte, bâtie selon toutes les règles du mauvais goût du dix-huitième siècle, et enfin, à la place de ces spacieuses dépendances du couvent, simples et austères, se montrent, ratatinées et rabougries, des masures de pitoyable apparence, et dont quelques-unes ont été, pour ainsi dire, se coller sur le chevet de la Sainte-Trinité. Il faut en excepter cependant le reste d'une tour confinant aux bâtiments de la maîtrise.

Malgré cela, en dépit des maçons qui en ont défiguré quelques parties, en dépit des municipaux ignorants qui en ont altéré d'autres, en dépit des absurdes maisonnettes qui masquent la base de certaines parties de l'église, la célèbre abbaye ne présente pas moins encore le plus imposant aspect. Et si, par l'imagination, on se figure, dans la vieille enceinte, tous ces bénédictins aux figures graves, au savoir profond, aux habitudes austères, allant et venant sous les arceaux du cloître ou sur les allées du couvent, en devisant de littérature et d'histoire, et dont le mot Dieu était le point central de toutes leurs idées, il est permis de se demander si, disperser ces savants religieux et saccager leur demeure, est bien ce *progrès* que se vante d'avoir accompli la révolution !...

Devant ces témoins muets du passé, devant ces vieilles pierres rongées par le temps, on ne peut s'empêcher de constater la grandeur et l'importance de ces institutions religieuses, au seuil desquelles s'inclinaient jadis les plus hauts et les plus puissants ; sur les dalles de l'abbaye sont venus s'agenouiller pieusement des princes abbés, des ducs de Normandie, des rois de France, et aussi de pauvres moines que la religion rendait leurs égaux.

Il serait donc à désirer qu'un conseil municipal intelligent se décidât à isoler l'abbaye des masures qui l'entourent et en obstruent les abords, de façon à ce que l'artiste ou l'archéologue ne fût pas obligé de chercher par la ville le seul édifice que Fécamp puisse revendiquer comme un des plus intéressants du pays de Caux.

Revenons à la description de l'église :

Elle est remarquable comme ouvrage du commencement du douzième siècle ; ce n'est plus l'architecture romane pure, avec ses arceaux en plein cintre et ses chapiteaux à volutes, c'est l'ogive avec ses ornements et ses modillons. Les artistes se sont même inspirés des idées du jour, en représentant, sous la toiture, des têtes à longues moustaches, qui ne sont qu'une réminiscence des figures saxonnes qui avaient vivement frappé les esprits des Normands. Peut-être avait-on voulu représenter les Saxons de la suite de Guillaume, quand il vint à Fécamp après la conquête de l'Angleterre.

Le portail sud date du xive siècle ; aussi est-il en rapport avec le caractère ogival du monument ; quant au grand portail, nous l'avons dit, plaqué en dépit de toute loi architecturale sur la construction chrétienne, il choque par son ornementation, grecque si l'on veut ; aussi n'est-on pas peu étonné lorsqu'on apprend qu'il a été construit en plein xviiie siècle.

En entrant dans l'église par ce malencontreux portail, il faut descendre douze marches du haut desquelles le regard embrasse tout l'intérieur : la nef, le chœur, la chapelle de la Vierge dans le fond et une partie des clôtures en pierre.

Au centre de la perspective, prise du bas côté de droite, on remarque un pilier isolé, modèle d'élégance et de légèreté ; ce pilier supporte les retombées des voûtes de plusieurs chapelles environnantes.

Sur le bas côté de gauche, on aperçoit les traces de deux portes de communication avec le cloître. Un certain nombre de monuments d'architecture et de sculpture qui ornaient autrefois l'église, se voient encore aujourd'hui. Les fidèles se dirigent d'abord vers le tabernacle en marbre blanc renfermant les reliques du précieux Sang.

Ce tabernacle, donation du cardinal Antoine Boyer, a 70 centimètres de large sur un mètre 50 de haut ; il est décoré de plusieurs figures sculptées ; dans les niches des pilastres, on aperçoit les quatre évangélistes, deux anges sont placés de chaque côté. Les têtes sont cassées ; un artiste habile, M. Fulconis, vient d'être chargé de la réparation de ces figurines [1].

Ce monument est terminé par une partie cin-

---

(1) Octobre 1871.

trée dans laquelle se trouve un bas-relief représentant la résurrection. On lit sur la base.

Hic sanguis D. N. IHV. XPI.

Le tabernacle fut mutilé dans les mauvais jours de la révolution de 1789, par le régiment de Beauvais qui fut envoyé à Fécamp.

Ce délicat monument est appliqué sur le derrière du massif du grand autel ; une porte d'acajou à croix d'ébène a remplacé une porte en marbre ravagée par le temps et achevée par les dévastations révolutionnaires.

Les parties les plus remarquables du grand autel sont en marbre blanc ; le chœur en renferme encore deux autres, qui méritent d'être citées par la richesse de leurs ornements et l'harmonie des lignes architecturales.

Sur le rétable du maître-autel, on voit cinq bas-reliefs en marbre blanc. Ils représentent Richard Ier dit sans peur, avec cette inscription : *Ricardus sine timore*, (le duc de Normandie est revêtu du costume du xve siècle), le Père éternel, une assomption, le baptême de N. S. J.-C., et Richard II dit le bon.

Au-dessus de ces bas-reliefs, se trouve une châsse en marbre blanc, sur les faces et sur les côtés de laquelle sont en relief les douze apôtres.

Cette châsse est surmontée d'une résurrection, et de chaque côté, sont les statues de saint Taurin et de sainte Suzanne, patrons des religieux.

Elle a été ouverte en 1857 et le 11 octobre 1865 ; elle renferme quatre caisses de reliques.

Citons encore le magnifique baldaquin en cuivre et bois doré qui surmonte le chœur.

Les chapelles environnant le chœur de l'église sont décorées d'arabesques, sculptées aux frais du digne cardinal Boyer par des artistes italiens qu'il avait fait venir tout exprès à Fécamp pour exécuter ce remarquable travail. Par malheur, ces sculptures ont été badigeonnées de telle façon, que les fines parties du travail disparaissaient sous un épais empâtement. Cependant, un lavage important avait été commencé par les soins de M. Beaucamp, aujourd'hui curé de Saint-Ouen de Rouen, et on découvre chaque jour les merveilles de cette sculpture fine et déliée.

Quelques-unes de ces chapelles méritent une mention particulière.

C'est d'abord la chapelle du Calvaire; on y voit un grand Christ dans un sépulcre, deux tableaux, donnés par M. Vitet, député de la Seine-Inférieure et membre de l'Académie française, dont l'un, représentant saint Benoît, est une bonne peinture et fait ressortir encore l'infériorité de celle du

Chemin de Croix, qui décore les piliers et semble l'œuvre du plus mauvais peintre d'enseignes.

Dès qu'on arrive devant cette chapelle, le regard s'arrête immédiatement sur le cadran d'une horloge qui date de 1667, et est l'œuvre d'un moine bénédictin.

Voici la description qu'en a donnée M. B. Germain : (¹)

« Ce cadran est triple et même quintuple, c'est-à-dire qu'il est d'abord composé de trois cercles; le plus grand ou l'extérieur indique l'heure ; le moyen ou celui du milieu marque l'époque de la lune et est numéroté de 1 à 29, et le troisième ou le plus petit donne l'heure des marées dans le port de Fécamp et est numéroté deux fois de 1 à 12, et qu'indépendamment l'intérieur de ce dernier cadran est recouvert par deux médaillons mobiles appliqués l'un sur l'autre ; à celui de dessus, sur lequel sont peints un ange et des rayons, est une échancrure ou jour qui, dans sa plus grande ouverture, comprend les numéros de cinq heures écrits sur le petit cadran, et sur son bord sont fixées deux aiguilles ou plutôt deux indicateurs ; l'un pour montrer sur le petit cadran l'heure de la

---

(1) Guide du voyageur à l'Abbaye, dans la ville et sur le territoire de Fécamp.

marée, et l'autre, sur celui du milieu, le jour de la lune ; leur révolution s'opère forcément ensemble, puisqu'elles sont à demeure, toutes les 24 heures, à minuit; le médaillon de dessous, qui est peint par moitié vert et noir, fait la sienne toutes les 12 heures, et selon ce qui paraît de ces deux couleurs, on peut apprécier la quantité d'eau qui est dans le port, c'est-à-dire que la verte indique ce qu'il y a d'eau et que la noire annonce son absence ; que, lorsque la verte est au-dessus de la noire, elle marque que la mer monte et que, quand elle est au-dessous, c'est que la mer baisse ; que, lorsque la couleur verte remplit tout le vide de l'échancrure du médaillon supérieur, c'est que la mer est pleine, et que quand on n'y aperçoit au contraire que la couleur noire, c'est que la mer est basse ; enfin, au-dessus de ce cadran, on voit une sphère verticale peinte également par moitié en blanc et en noir, dont la révolution est en rapport avec la marche de la lune, ou, ce qui revient au même, de l'aiguille du cadran du milieu, c'est-à-dire qu'elle représente, par la couleur noire, la plus ou moins grande absence, et par la blanche, la plus ou moins grande présence de cette planète, telle et absolument dans la même proportion qu'elle nous apparaît.

« L'horloge sonne les demi-quarts par un tintement des trois timbres, qui avertissent des autres divisions de l'heure ; ces timbres sont frappés irrégulièrement. »

La chapelle de la sainte Vierge, dite Notre-Dame-de-Salut a son autel privilégié ; le grand tableau, qui représente l'Assomption de Marie, est un don de M. Vitet.

Cette chapelle est entourée de lambris en chêne dont la partie supérieure, admirablement sculptée, servait jadis de dossiers aux stalles supérieures du chœur, les huit médaillons de gauche qui les dominent représentent : Richard II, saint Luc, saint Jérôme, saint Ambroise, sainte Suzanne, le Pape, David et saint Mathieu.

Celle de droite : Richard Ier, saint Marc, Jésus-Christ, saint Cyprien, sainte Cécile, l'abbé de Villeroy, Moïse, saint Jean, évangéliste. — Un magnifique Christ voilé fait aussi l'admiration des visiteurs.

« Cette chapelle, dit M. B. Germain, est éclairée par neuf croisées, en totalité ou partie en verres de couleurs ; dans les trois du fond, on remarque nombre de sujets qui ont trait à la vie de la Sainte-Vierge et à l'histoire de l'abbaye, entre autres le débarquement des religieuses lors de leur première arrivée à Fécamp ; les deux qui leur sont contiguës rappellent un grand nombre de martyrs et le genre de supplice qui les a mis à mort ; dans les deux qui suivent, sont seulement des rosages, et les deux derniers représentent les apôtres et différents saints; son entrée et son sanctuaire sont clos par des grilles en fer et son pavage est en marbre noir et blanc. »

Sous cette chapelle se trouve l'ancien chartrier qui sert aujourd'hui de vestiaire et de resserre.

La chapelle de saint André est surtout remarquable par son rétable; les bas-reliefs qui le surmontent ont été donnés par M. le général Robert, député de la Seine-Inférieure et membre du Conseil général.

Les deux tombeaux qui attirent le regard sont ceux de Guillaume de Putot, à gauche, et à droite, Robert de Putot; l'effigie de Guillaume est couchée sur un plan horizontal; malheureusement, la figure, les pieds et les mains de la statue ont été mutilés par les vandales de 1793, ainsi que les sculptures représentant le débarquement des religieuses.

Les restes de Thomas de saint Benoît sont recouverts par un beau tombeau qui orne la chapelle de saint Jean, dite du Saint-Sacrement; la statue n'a plus ni tête ni mains, les bas-reliefs, dont les sujets sont empruntés à l'histoire du précieux Sang, sont dignes d'attention.

La chapelle du Sacré-Cœur, autrefois de saint Etienne, est ornée d'un tableau dû à la libéralité de M. de Franqueville, conseiller général ; sous les fenêtres de cette chapelle, existent seize petites niches renfermant des groupes qui rappellent chacun une des principales circonstances de la vie de N. S. J.-C. Ces sculptures sont fort belles et ont, suivant l'opinion éclairée de M. Vitet, le savant érudit, appartenu à la décoration d'un tombeau.

Il faudrait, d'ailleurs, détailler toutes les chapelles, dont chacune offre un intérêt particulier.

Terminons par une des plus remarquables :

Une chapelle ouverte, établie à droite, dans le croisillon de l'église ; les visiteurs s'arrêtent volontiers devant son autel, au-dessus duquel se combine un groupe de grandes figures en pierre coloriées, qu'on désigne sous le nom de la *Dormition* ou la mort de la Vierge. A en juger par les costumes que portent les personnages, c'est vers la fin du xve siècle qu'il faut faire remonter l'érection de ce bizarre monument.

Au-dessus du groupe, dans une partie cintrée, des sujets allégoriques symbolisent les *Litanies de la Vierge* et se détachent sur un fond bleu, parsemé d'étoiles.

A droite de la chapelle de la *Dormition*, se trouve la pierre portant l'empreinte du pas de l'ange qui intervint lors de la consécration de l'église ; elle est placée sous une pyramide à jour.

Outre les chapelles, les souvenirs de l'ancienne

abbaye sont encore évoqués par les vitraux anciens qui tamisent, en les colorant brillamment, les rayons du soleil, par la superbe porte ornée d'un chambranle de toute beauté, et par le plafond parqueté de la sacristie, dans laquelle se retrouve la trace de l'agencement si bien ordonné des établissements religieux, où tout était si véritablement approprié à l'usage déterminé.

Un double rang d'armoires en chêne qui servaient aux moines pour y placer tout ce qui était à leur usage, est ménagé des deux côtés de la pièce, et quelques livres, objets du culte, quelques livres saints, sauvés du pillage, sont dans les armoires, sous la garde d'un sacristain. C'est ainsi qu'on peut y voir un fort beau *Missale monasticum ad usum ordinis sancti Benedicti* et un *Missale romano* portant la marque de l'ordre de saint Benoît.

Deux volumes !

Que sont devenus les autres ? Ils ont été volés, pillés lors de la révolution ; quelques-uns ont été réunis à Rouen, d'autres pieusement recueillis par des particuliers (1).

Mais ces deux missels, les derniers livres bénédictins, sont suffisants pour évoquer tout un

---

(1) La collection de M. A. Legrand aîné est une des plus importantes ; elle comprend un grand nombre de livres et des papiers de toute nature.

monde de pensées dans l'âme du visiteur ; il se reporte à cette époque de grandeur, de savoir et de piété, et il lui semble apercevoir les vénérables érudits de saint Benoît courbant leur front pâle sur ces parchemins qu'ils déchiffraient lentement pour en tirer la science qu'ils s'étaient donné mission de vulgariser...

Et de nos jours encore, quand les fidèles assistent à l'office divin dans cette vieille abbaye, quand l'orgue fait entendre ses longs accords dont le son se répercute sous les arceaux de sa voûte hardie, une sorte de teinte monastique paraît s'étendre sur ce lieu saint, et si l'on ferme les yeux, on voit apparaître une longue file de pieux religieux venant prendre place au chœur et chanter les pseaumes prescrits par la règle de saint Benoît, dans cet asile consacré au travail et à la prière.

Mais c'est surtout le lundi après le dimanche de la Sainte-Trinité, que l'abbaye retrouve un reflet de sa splendeur d'autrefois.

C'est le jour où se célèbre la messe du précieux Sang, en raison d'un vœu fait par les habitants d'Yvetot, qui, décimés par une maladie contagieuse que rien ne pouvait parvenir à faire cesser, s'engagèrent à aller tous les ans, « le lundy suivant du dimanche de la sainte Trinité, en procession et pèlerinage, avec la plus grande dévotion qu'il leur seroit possible, pour faire dire une messe solemnelle au précieux Sang de Notre Seigneur Jésus-Christ, et y faire tous leurs dévotions, et après la messe en recevoir la bénédiction, après laquelle l'on chamteroit les litanies du précieux Sang, pour prier Dieu de leur donner soulagement.

« Aussitôt que le vœu fut fait, la maladie cessa ; ce qui obligea les habitants d'Yvetot d'élever et faire une société ou confrairie du précieux Sang, et de député leur chapelain avec quelqu'un des principaux de leurs bourgeois par devers monseigneur l'Abbé, pour lui demander son agrément et son approbation, et qu'il leur accordât la signature de leurs statuts, avec les R. P. Prieurs, Sous-Prieurs et le Père Sacristain, auxquels Monseigneur ordonna qu'on donnast tous les ornements et tout ce qui seroit nécessaire pour dire la messe, en exposant la sainte relique du précieux Sang, et de leur prêter la main en cas de quelque discord de leur confrairie.

« Après avoir reçu cette approbation et ce consentement, ils ne manquèrent pas d'accomplir leurs vœux, et ils augmentèrent leur confrairie de beaucoup de personnes de l'un et de l'autre sexe. Ils continuent tous les ans cette dévotion et viennent en procession à Fécamp très-dévotement, le lundy d'après le dimanche de la sainte Trinité, pour renouveler leurs vœux. Ils y viennent en chantant les sept pseaumes, en bonne ordre. Les hommes marchent deux à deux, la tête nue, avec un cierge à la main. Le mardi on commence la messe à sept heures. Après toutes leurs dévotions faites, un chacun se retire où bon lui semble. Ils s'en retournent en procession, en chantant les litanies des saints, dans le même ordre qu'ils sont venus.

« Cette dévotion est si grande, si louable, et même si honorable, qu'il y a beaucoup de personnes de Fécamp et de différentes paroisses, qui se sont rendus de cette belle confrairie.

« Il y a aussi une quantité de bonnes âmes qui ne sont pas de cette confrairie, et qui ne manquent pas cependant d'assister à cette sainte cérémonie de la messe, et d'y faire aussi leurs dévovotions tous les ans. » (1)

Le précieux Sang a survécu au grand naufrage de 1793 ; enfermé dans deux minces tuyaux de plomb, il est conservé dans le tabernacle, après avoir été pieusement soustrait à la destruction qui n'eût pas manqué de l'atteindre, par dom Letellier, ancien religieux de l'abbaye, qui le restitua lorsque l'église fut rendue au culte. Depuis ce temps, le pèlerinage a repris son cours, et chaque année, un

---

(1) A. Pottier. *Revue rétrospective normande.*

nombre considérable de fidèles viennent baiser la châsse en argent qui contient la précieuse relique.

Ajoutons que la Faculté de théologie de Paris a elle-même authentiquement autorisé cette dévotion, en déclarant, le 28 mai 1448, que ce culte était très-légitime : *Non repugnat pietati fidelium credere quod aliquid de sanguine Christi effuso, tempore Passionis, remanserit in terris* (1).

Il nous reste à signaler les reliques conservées dans l'église de la Sainte-Trinité, telles qu'elles sont indiquées par le tableau suivant, qui est exposé dans une des chapelles :

SAINTES RELIQUES

De l'Eglise de la Sainte-Trinité de Fécamp

DÉSIGNATION

DES CHASSES QUI LES CONTIENNENT

1° *La grande châsse de marbre blanc posée sur le rétable du grand autel, est désignée ici par les initiales G. C.*

---

(1) A. Pottier.

2° *Deux châsses en cuivre doré, posées dans la chapelle des saints Patrons, sur deux crédences en pierre, sont désignées par les n°s 1 et 2.*

3° *Quatre châsses en cuivre doré, plus petites que les précédentes, posées dans des niches pratiquées dans le rétable de la chapelle des saints Patrons, sont désignées par les n°s 3, 4, 5 et 6.*

Une relique du bois de la Crèche de Notre Seigneur se touve dans la châsse n° 5.

Des reliques de l'Etable, du Cénacle, de la Grotte, de l'Agonie, de la Colonne, de la Flagellation, de la Pierre du Calvaire, du saint Sépulcre et du Linceul de Notre Seigneur, se trouvent dans la châsse n° 2.

Une relique des vêtements de la sainte Vierge se trouve dans la châsse n° 2.

Janvier 9 Saint CONTEST, évêque de Bayeux (son corps). G. C.
21 Sainte Agnès, vierge et martyre, 5.
Février 3 Saint BLAISE, évêque et martyr, 2.
4 Saint Joseph de Léonissa, confesseur, 2.
15 Saint WANINGE, confesseur, fondateur de l'abbaye, 3.
24 Saint Mathias, apôtre, 2.
Mars. 7 Sainte Félicité, martyre, 1.
7 Saint Edoine, confesseur, G. C.
20 Saint Joachim, père de la sainte Vierge, 2.
21 Saint Benoît, abbé, 6.

Avril.	24 Saint Fidèle de Sigmaringen, martyr, 2.
	25 Saint Marc, évangéliste, 2.
Mai.	1 Saint Philippe et saint Jacques le Mineur, 2.
	23 Saint Didier, évêque et martyr, 6 et G. C.
Juin.	11 Saint Barnabé, apôtre, 2.
	29 Saint Pierre et saint Paul, 2.
Juillet	7 Saint Laurent de Brindel, 2.
	22 Sainte Marie-Madeleine, 1.
	25 Saint Jacques le Majeur, apôtre, 2.
	26 Sainte Anne, mère de la sainte Vierge, 2.
Août.	5 Sainte Affre, martyre (son corps), G. C.
	7 Saint Cejetan ou Gaëtan de Thienne, 2.
	7 Saint Donat, martyr, 2.
	14 Saint Auscade et saint Warenfroid, G. C.
	23 Saint Flavien, évêque d'Autun (son corps), G. C.
	24 Saint Barthélemy, apôtre, 2.
	26 Saint Ouen, évêque, 2.
Sept.	12 Sainte Perpétue, vierge, G. C.
	21 Saint Mathieu, apôtre, 2.
Octob.	2 Saint Léger, évêque et martyr, 2 et 4.
	4 Saint Nicaise, évêque de Rouen et martyr, 1.
	12 Saint Wilfrid, évêque d'Yorck, G. C.
	18 Saint Luc, évangéliste, 2.
	21 D'une des onze mille Vierges, 5.
	24 Saint Frotmond, martyr, 4 et G. C.
	28 Saint Simon et saint Jude, apôtres, 2.
Nov.	11 Saint Martin, évêque de Tours, 6.
	14 Saint Saens, abbé (son corps), G. C.
	22 Sainte Cécile, vierge et martyre, 5.
	30 Saint André, apôtre, 2.

Déc. 6 Saint Nicolas, évêque de Myre, 2.
13 Sainte Luce, vierge et martyre, 2.
21 Thomas, apôtre, 2.
26 Etienne, Ier martyr, 5.
27 Saint Jean, apôtre et évangéliste, 2.
28 Saints Innocents, G. C.

Nota. — 1° La grande châsse contient en outre un grand nombre d'ossements de saints dont les noms se sont trouvés perdus.

2° Un os de saint Flavien et quelques reliques des Saints Innocents se trouvent dans deux petits reliquaires, au maître-autel du chœur.

LISTE CHRONOLOGIQUE DES ABBÉS

1er Abbé de 1000 à 1034 Guillaume dit de Dijon.
2e » de 1034 à 1080 Jean d'Alie dit le Petit-Jean.
3e » de 1080 à 1107 Guillaume de Ros dit la Pucelle.
4e » de 1107 à 1139 Roger d'Argences.
5e » de 1139 à 1188 Henri de Sully.
6e » de 1188 à 1219 Raoul d'Argences, 2e du nom.
7e » de 1219 à 1222 Richard d'Argences, 3e du nom.
8e » de 1222 à 1227 Richard de Paluel dit Morin.
9e » de 1227 à 1259 Guillaume de Vaspail.
10e » de 1259 à 1284 Richard de Trégos.
11e » de 1284 à 1296 Guillaume de Putot.
12e » de 1296 à 1308 Thomas dit de saint Benoît.
13e » de 1308 à 1326 Robert de Putot, 2e du nom.
14e » de 1326 à 1329 Pierre Rogier de Roziers.
15e » de 1329 à 1329 Philippe de Bourgogne.
16e » de 1329 à 1332 Robert de Breschy.
17e » de 1332 à 1334 Guillaume de Bourges.
18e » de 1334 à 1343 Guillaume Chouquet.
19e » de 1343 à 1357 Nicolas de Nanteuil.
20e » de 1357 à 1372 Jean de Lagrange dit de Bouchamage.
21e » de 1372 à 1381 Philippe du Fossé.
22e » de 1381 à 1390 Pierre Cervaise de Riville.
23e » de 1390 à 1423 Estod d'Estouteville.
24e » de 1423 à 1444 Gilles de Duremond.

25ᵉ Abbé de 1444 à 1465 Jean de la Haulle de Grémonville.
26ᵉ » de 1465 à 1473 Jean Balue.
27ᵉ » de 1473 à 1480 Pierre de Mendoza de Gonzalès.
28ᵉ » de 1480 à 1491 Jean Balue.
29ᵉ » de 1491 à 1504 Antoine de la Haye de Passavant.
30ᵉ » de 1504 à 1505 Antoine le Roux.
31ᵉ » de 1505 à 1519 Antoine Bohier, *alius* Boyer.
32ᵉ » de 1519 à 1525 Adrien Gouffier.
33ᵉ » de 1525 à 1550 Jean de Lorraine.
34ᵉ » de 1550 à 1574 Charles Iᵉʳ de Lorraine, 2ᵉ du nom.
35ᵉ » de 1574 à 1588 Louis de Lorraine, 3ᵉ du nom.
36ᵉ » de 1588 à 1591 Louis II de Lorraine, 4ᵉ du nom.
37ᵉ » de 1591 à 1603 Aymard de Chastres.
38ᵉ » de 1603 à 1615 François de Joyeuse.
39ᵉ » de 1615 à 1642 Henri Iᵉʳ de Lorraine, 5ᵉ du nom.
40ᵉ » de 1642 à 1668 Henri de Bourbon.
41ᵉ » de 1668 à 1672 Jean Casimir, roi de Pologne.
42ᵉ » de 1672 à 1694 Louis-Antoine de Neubourg, prince de Neubourg.

Vacance de 1694 à 1698.

43ᵉ » de 1698 à 1731 François-Paul de Neuville de Villeroy.
44ᵉ » de 1731 à 1761 Claude-François de Montboissier de Canillac.
45ᵉ » de 1761 à 1777 Claude-Antoine de la Roche-Aymon.

46ᵉ Abbé de 1771 à 1791 Dominique de la Rochefoucauld.

1791 à 1802 Guillaume-Dominique Letellier, curé constitutionnel.

Curés de l'Eglise paroissiale

1802 à 1820 L'abbé de Valleville.
1820 à 18... L'abbé Vincent.
18... à 1840 L'abbé Comont.
1840 à 1851 L'abbé Beaucamp.
1851 à 1871 L'abbé Bellengreville.
1871   L'abbé Lair.

NOTICE HISTORIQUE

SUR LES ABBÉS DE FÉCAMP

I. Guillaume dit de Dijon

Le duc Richard avait été bien inspiré en s'adressant à Guillaume pour lui proposer l'abbaye de Fécamp ; cet abbé, qui fut canonisé, était né en Lombardie en 961, du comte Robert, issu des rois lombards, et de sa femme Perinza. Tenu sur les fonds baptismaux par l'empereur Othon et l'impératrice, il reçut d'eux le nom de Guillaume et, dès l'âge de sept ans, prit l'habit religieux au monastère de Luciac, qu'il quitta pour celui de Cluny, dont le supérieur était le célèbre abbé saint Mayeul; frappé des dispositions et du zèle religieux de Guillaume, il le choisit pour aller à Saint-Saturnin rétablir la discipline monastique et y faire revivre l'esprit de saint Benoît.

Sur ces entrefaites, Bruno, évêque de Langres, ayant demandé à saint Mayeul quelques-uns de ses religieux pour venir à Dijon remettre la concorde dans le monastère de sainte Benigne, ce saint choisit douze religieux, et rappelant Guillaume de Saint-Saturnin pour en faire le chef de cette nouvelle colonie, il les envoya à Dijon. Bruno les accueillit avec joie et établit Guillaume abbé, en 990.

En 1001, il vint à Fécamp, précédé par une réputation de vertu et de savoir qu'il augmenta encore ; instruit, lettré, Guillaume ne tarda pas à acquérir une grande influence sur l'esprit du duc, qui lui accorda toute sa confiance, en fit l'âme de ses conseils et lui donna la direction supérieure des monastères de saint Ouen, Jumiéges, Fontenelle et du mont Saint-Michel.

Le duc Robert ayant usurpé le gouvernement de Normandie qui refusa de le reconnaître, s'était réfugié auprès du roi de France, et en quittant son diocèse, il avait anathématisé la Normandie, ce qui entraînait l'interdiction de toute cérémonie religieuse dans le duché ; ce fut l'occasion pour l'abbaye de Fécamp de montrer qu'elle était en dehors de la juridiction ecclésiastique ordinaire.

Les moines et les églises placés sous sa dépendance continuèrent à célébrer l'office divin.

Ce fut sous Guillaume que fut instituée la confrérie des Jongleurs, qui jouaient de la vielle, de la flûte de Pan, de la cornemuse, de la cythare, du psalterion et du tambour pendant les cérémonies religieuses.

Une troupe nomade de ces jongleurs, qui parcourait la Normandie en 990, était venue à Fécamp, à la cour de Richard Ier; l'accueil qu'on fit à ces artistes ambulants les engagea à se fixer dans le pays.

En 1002, cette troupe fut organisée en confrérie, sous le patronage de saint Martin. Chaque année, le jour de l'ordination de saint Martin, ils se réunissaient dans l'abbaye pour faire une procession solennelle, après laquelle chaque frère était tenu de verser cinq deniers que l'on partageait également entre les religieux, les pauvres de la ville et le trésor du monastère.

La plupart des jongleurs vivaient en concubinage avec des femmes de mauvaise vie qui se qualifiaient de jongleresses.

Il faut croire, cependant, que les désordres de ces nomades n'était pas aussi grands que quelques historiens veulent bien le prétendre ; car nous trouvons dans le P. Du Plessis des documents sur l'organisation de la musique dans le monastère, qui ne sont nullement d'accord avec ceux concernant les jongleurs ; les voici tels que nous les lisons :

« Dès le xiie siècle, au plus tard, les religieux de ce monastère avaient un orgue, instrument assez rare en ce temps-là. Plusieurs les en blâmaient, et Baudri, évêque de Dol, prit hautement leur défense. Ce n'était point encore une musique en forme ; les religieux s'en tenaient au plain-chant ou au chant grégorien, et l'orgue n'était en usage parmi eux, que comme il l'est aujourd'hui dans la plupart de nos églises ; on ne l'employait qu'en certains jours de fêtes, pour donner plus de pompe extérieure à la solennité du jour, ou pour soulager les voix par intervalles pendant la longueur de l'office divin. Cependant ils avaient, chez eux, une école de chant.

« Le bienheureux Guillaume, leur premier abbé, avait établi pour ce sujet, dans son monastère, une espèce de bas-chœur composé d'un certain nombre de clercs, dont les uns, au nombre de douze, attachés plus étroitement que les autres au service de l'église, étaient appelés Prébendés, parce qu'ils étaient logés, nourris et entretenus aux dépens de l'abbaye.

« Insensiblement, les prébendés se trouvaient chargés de tout le poids de l'office ; ils furent cependant réduits à six vers le commencement du XIIIe siècle, mais on leur joignit des enfants pour les aider, et lorsque la véritable musique, c'est-à-dire un chant à plusieurs parties, s'empara du chœur des cathédrales, elle pénétra aussi jusque dans celui de l'abbaye de Fécamp, où elle s'est maintenue jusqu'à nos jours.

« Ce fut l'abbé Estod d'Estouteville qui y fit cet établissement vers l'an 1410, à peu près dans le temps où la cathédrale de Rouen lui en donna peut-être l'exemple. Pour cela on supprima les prébendés et on leur substitua des musiciens à gages, pour l'entretien ou pour les appointements desquels on destina quelques fonds. Il y avait entre autres plusieurs chapelles en titre de bénéfices dans l'église abbatiale ; ces titres furent éteints et on en appliqua les revenus à la musique. »

Ces prébendés établis par Guillaume ne semblent pas appartenir à la famille des jongleurs ; cependant, il n'est guère probable que le monastère ait possédé en même temps des prébendés et des jongleurs, et nous croyons que ces derniers, bien qu'admis à jouer dans l'abbaye, n'en étaient pas commensaux.

L'abbé Guillaume abdiqua en 1029, en faveur de Jean d'Alie, son second prieur claustral, qu'il avait amené avec lui de Dijon, et se disposa à faire une tournée dans les divers établissements religieux qu'il avait fondés dans le midi de la France.

Il resta dix-huit mois absent et revint à Fécamp où il mourut en odeur de sainteté, le 1er janvier 1031.

« Saint Guillaume a fait plusieurs miracles pendant sa vie et après sa mort. Il ressuscita un serviteur du monastère de sainte Benigne, que la justice séculaire avait fait mourir. Il s'est fait voir à plusieurs personnes pendant leur sommeil, reprenant les unes de leurs excès et exhortant les autres à persévérer dans la pratique du bien.

« Il apparut à Radulphe Glaber qui écrivait l'histoire de sa vie et l'exhorta de continuer.

« On peut voir le récit de ses autres miracles que Glaber a publiés. » (1)

II. Jean d'Alie dit Petit-Jean.

Jean d'Alie aussi était italien ; il était fils de Guy d'Alie et neveu de Hardouin, roi d'Italie.

Il fut honoré de l'estime et de l'amitié de l'empereur Henri III et de l'Impératrice Agnès, sa femme, pour laquelle il composa plusieurs ouvrages de piété, entre autres un livre de prières.

On lui attribue également les méditations qui se trouvent dans les livres de saint Augustin.

Ses lettres furent publiées par dom Mabillon et par Martin Anaclète.

Il fut d'abord abbé de Fructuaire et succéda à saint Guillaume avec l'assentiment de Robert, duc de Normandie, qui, pour ôter à l'archevêque de Rouen l'occasion de faire acte de juridiction et d'autorité sur l'abbaye de Fécamp, fit bénir le nou-

---

(1) Leroux de Lincy.

vel abbé par l'évêque d'Avranches. Ce prince, désireux de rétablir le monastère de Montivilliers, qui avait été joint à l'abbaye de Fécamp, pria l'abbé de l'échanger contre celui de saint Taurin d'Evreux, ce qui eut lieu.

Jean d'Alie marcha sur les traces de ses prédécesseurs et sut maintenir les religieux dans l'étroite observance de la règle ; il donna même une si bonne renommée à l'abbaye, que, de tous côtés, les personnages les plus marquants du duché sollicitèrent leur admission parmi les religieux, à commencer par le prince Nicolas de Normandie, le comte Vigrin et son fils, les saints Maurille et Gerebert, le bienheureux Remy et plusieurs autres illustres seigneurs normands.

Puis les dons affluèrent, le comte et la comtesse de Saint-Paul offrirent au monastère l'abbaye de sainte Berthe de Blangy, en Boulonnais, et d'autres libéralités vinrent récompenser l'abbé du zèle qu'il apportait à maintenir la régularité non-seulement dans son monastère de Fécamp, mais encore dans ceux qui en dépendaient.

Toutefois, ces soins ne suffisaient pas au zèle religieux de Jean d'Alie qui, enthousiasmé par les récits que faisaient les pèlerins de retour de la terre sainte, résolut d'entreprendre le voyage de Jérusalem, en compagnie de Richard de Chaumont.

Malheureusement, à peine débarqué, il fut fait

prisonnier par les infidèles qui lui firent subir mille mauvais traitements ; il parvint, néanmoins, à traiter de sa rançon et revint à Fécamp, où il reprit les rênes de son administration ; mais les privations et les chagrins qu'il avait endurés pendant une captivité de plusieurs années, avaient ruiné sa santé, et il mourut, en 1080, après avoir gouverné l'abbaye pendant quarante-six ans, avec beaucoup de sagesse et de véritable religion.

La chronique de saint Lô, de Rouen, le place au nombre des bienheureux.

III. Guillaume de Ros.

Guillaume de Ros, qui fut promu à l'abbatiat, en 1080, avait été d'abord chantre, doyen et archidiacre de Bayeux. Ses contemporains en firent un pompeux éloge ; Baudri, archevêque de Dol, en parlant de lui, s'exprime de la sorte :

« Il brillait autant par-dessus les autres qui l'avaient précédé, que le soleil surpasse tous les autres astres par l'éclat de sa lumière ; il donna une nouvelle splendeur au monastère par sa piété, par son exacte observance et surtout par sa charité envers les pauvres. Plusieurs personnes illustres dans l'église et dans le siècle, attirées par l'odeur de ses vertus et par sa grande douceur, s'y consacrèrent à Dieu en prenant notre saint habit, pour pouvoir profiter de ses bons exemples et de sa doctrine, qui ne respirait que l'amour de Dieu et du prochain. »

Puis il cite les religieux qui vécurent sous son autorité et qui l'entretinrent du vertueux abbé qu'ils venaient de perdre :

« Il n'y avait point de pauvres qui ne ressentissent les effets de sa charité, point d'église à laquelle il ne fît des présents. Il visitait les hôpitaux et les léproseries, et il consolait les malheureux par ses discours divins, et il baisait leurs mains, toutes vilaines et sales qu'elles étaient. »

C'étaient ces mêmes religieux qui, frappés de l'air de modestie et de charité empreint sur le visage de l'abbé, lui donnèrent le surnom assez singulier de *La Pucelle*.

Orderic Vital, l'historien du XIIIe siècle, signale aussi la piété et la probité de Guillaume qui, « comme le nard mystique, parfuma la maison du Seigneur par la charité, la libéralité et toutes sortes de mérites. »

Fécamp fut redevable à l'abbé Guillaume de Ros d'une léproserie qu'il fit construire pour y recevoir les malheureux croisés qui avaient quitté le pays de Caux pour s'en aller en Palestine et qui y étaient revenus couverts de lèpre, ce triste fléau du moyen âge, qui dévora tant d'hommes jeunes et vigoureux dont on s'éloignait avec horreur, dès qu'ils étaient atteints d'un mal auquel on ne savait opposer aucun remède.

En 1103, Guillaume fit un voyage en Angleterre; à son retour, il fit élever la nef de l'église de saint Frotmond; quelque temps après, il assista à un synode tenu à Lisieux et revint à Fécamp où il mourut, le 26 mars 1108; il fut enterré dans la chapelle de Notre-Dame.

Ce fut cet abbé qui fit exhausser le sanctuaire de l'église abbatiale et qui en changea le grand autel, qu'il fit placer au lieu où se trouve aujourd'hui l'autel de Saint-Sauveur.

« Il serait difficile, dit une ancienne chronique, d'exprimer l'estime qu'on faisait de cet illustre abbé; il était doux, humble, dévot, charitable envers les pauvres, libéral et magnifique; en un mot, il avait toutes les vertus en partage. »

IV. Roger d'Argences

La famille d'Argences, une des bonnes familles de la Normandie, figure dans le Dictionnaire généalogique de Lachesnaye des Bois. Le jeune

Roger était l'un des disciples préférés de Guillaume de Ros ; à la mort du vertueux abbé, il n'était encore que diacre, mais ses mérites le firent choisir pour succéder à Guillaume ; ordonné prêtre avec cent vingt autres jeunes novices, en 1108, le jour de saint Thomas, il fut sacré le lendemain abbé de Fécamp.

« Le monastère de Fécamp, dit une ancienne chronique, avait besoin d'un pasteur aussi sage et aussi prudent que Roger ; tout était en combustion par la révolte des sujets du duc de Normandie. Si, d'un côté, il consolait le prince, s'il arrêtait les justes mouvements de sa colère contre son peuple, de l'autre, il adoucissait l'esprit des révoltés, et il se comporta partout avec tant de prudence et de discrétion, qu'il était aimé et respecté de tous. Il maintint cependant, parmi tous ces troubles, les religieux de son monastère dans l'étroite observance de la sainte règle. »

Pendant trente-deux ans, l'abbé Roger d'Argences exerça son pieux ministère et fit le bien chaque fois qu'il en trouva l'occasion.

Investi de la confiance du duc, il n'en profita que pour engager ce prince à accroître les biens de l'abbaye.

Il assista aux conciles qui furent tenus à Rouen,

en 1118 et 1128. Il mourut le 22 mars 1139 et fut enterré dans l'abbaye, près de l'autel dédié à saint Martin.

V. Henri de Sully

Henri de Sully était cousin-germain du roi d'Angleterre, et cette parenté fut une des causes qui le firent choisir pour administrer l'abbaye après la mort de Roger d'Argences.

Il était alors au monastère de Cluny, et ce fut sur les instances d'Etienne de Blois, petit-fils de Guillaume-le-Conquérant, qui s'était fait reconnaître roi d'Angleterre, à la mort de Henri Ier, qu'il se décida à venir prendre possession de son siége abbatial.

Il fut accueilli avec une grande faveur par les religieux, dont il s'acquit vite les sympathies, en faisant exécuter des travaux très-importants à l'abbaye ; l'église et les bâtiments claustraux furent agrandis, restaurés, réédifiés ; malheureusement, ces travaux étaient à peine terminés, qu'un violent incendie se déclara à deux reprises différentes dans l'église.

Ce fut en faisant les réparations nécessaires pour effacer les traces de ces incendies, que l'abbé découvrit dans un pilier la relique du précieux

Sang, que Richard Ier y avait fait secrètement enfermer.

Ce fut lui aussi qui, souffrant de voir les restes des ducs Richard Ier et Richard II déposés sous les gouttières de l'église, prit sur lui d'en ordonner la translation dans un lieu plus convenable.

L'abbé Henri de Sully eut pendant son administration de l'abbaye, un différend avec l'archevêque de Rouen Gaultier, à l'occasion d'un certain moine demeurant à Evequemont, près Meulan, prieuré qui dépendait de l'abbaye ; l'archevêque accusait ce moine d'avoir communiqué avec des personnes qu'il avait excommuniées et même de les avoir reçues dans l'église du prieuré pendant la célébration de l'office divin.

Les deux parties s'en rapportèrent, par un compromis, au jugement du roi d'Angleterre qui, après avoir pris l'avis des évêques et des barons se trouvant à sa cour, ordonna « que ledit moyne demanderoit absolution à Gaultier et que ledit prélat la lui donneroit sans l'obliger à aucune peine ni à prester serment ; que certains autels seroient démolis par ordre dudit archevesque et réparez par ledit abbé.

« Que l'évesque d'Evreux porteroit ou feroit porter de l'eau béniste pour réconcilier ladite église et qu'à l'advenir, nul moyne ne seroit préposé au gouvernement de ce prieuré, qu'il ne jurast devant ledit archevesque ou à son absence devant son official, qu'il n'admettroit point dans son église ceux qu'il sçauroit avoir esté excommuniez par ledit prélat ; qu'il ne communiqueroit point avec eux ; qu'il n'empescheroit ou n'arresteroit point l'exécution des jugements que ledit archevesque rendroit contre ceux de son diocèse, mais qu'il l'appuyeroit autant qu'il seroit en son pouvoir, tout sauf les droits des deux églises, comme il paroist par la charte de Henri II, qui se trouve aux archives de la Métropolitaine. » (1)

L'abbé Henri reçut, pendant les quarante-neuf ans qu'il exerça ses fonctions abbatiales, les revenus de sa baronnerie de Sully et les abandonna au profit de l'abbaye.

Il mourut le 11 janvier 1188 et fut inhumé dans la chapelle de saint Pierre.

VI. Raoul d'Argences

Raoul d'Argences appartenait à la même famille que l'abbé Roger ; il succéda à l'abbé Henri, immédiatement après la mort de celui-ci.

« Son zèle pour la maison de Dieu parut, en faisant allonger de trois arcades la nef de l'église,

---

(1) Hist. des archev. de Rouen, p. 379.

et construire deux belles tours et un portail pour la terminer. »

Les premières années de son gouvernement se passèrent sans rien offrir de particulier.

Très-religieux, animé d'un grand esprit de charité, il administra son abbaye avec beaucoup de zèle et lui fit des dons assez considérables pour que le pape l'en félicitât, en lui permettant de faire brûler trois cierges devant le Saint-Sacrement.

Abbé pendant trente années consécutives, Raoul d'Argences fut très-considéré et très-aimé de ses religieux, qui prièrent avec ferveur lorsqu'une maladie mortelle s'empara de lui; mais leurs prières ne furent pas exaucées; après de longues souffrances, l'abbé passa de vie à trépas, le 6 septembre 1219, et sa dépouille mortelle fut placée dans la chapelle de saint Taurin, dépendant de l'abbaye.

Les anciennes chroniques contiennent le récit d'un fait assez curieux qui se passa sous l'abbatiat de Raoul d'Argences.

Un certain religieux, du nom de Gaultier, appartenant à l'abbaye, se sentit animé du désir, si commun à cette époque, de se joindre aux pèlerins qui se rendaient en Palestine, et il fit part de son intention de se croiser à deux autres religieux du monastère et au seigneur de Goderville et son fils.

Ces derniers, bien que disposés à partir pour

la terre sainte, ainsi que le faisaient la plupart des gentilshommes de la province, hésitaient cependant à entreprendre ce voyage plein de périls, lorsque Gaultier les assura que, grâces à de précieuses reliques qu'il possédait, tout danger devait être écarté pour lui et ses compagnons.

Pleinement rassurés par cette confidence, ces personnages se hâtèrent de prendre la croix et s'embarquèrent ; mais à peine étaient-ils en mer, qu'une tempête épouvantable s'éleva. Cela ne semblait guère justifier les assertions de Gaultier ; aussi, le seigneur de Goderville, remarquant le trouble et la pâleur de celui-ci, lui demanda comment les reliques dont il lui avait parlé se trouvaient en sa possession et s'il ne les aurait pas dérobées au monastère.

Gaultier ne s'attendait guère à cette accusation ; il balbutia et finit par avouer qu'en effet il s'était secrètement emparé d'une partie de la relique du précieux Sang et d'un os du bras de sainte Madeleine, qu'on conservait à l'abbaye.

A peine cette confession était-elle faite, que la mer s'apaisa tout à coup.

Le seigneur de Goderville faisant alors comprendre à Gaultier l'énormité de sa faute, l'engagea vivement à lui faire la remise de la relique du précieux Sang et à retourner à terre pour qu'il pût la restituer à l'église.

Mais les marins, témoins de ces faits, voulurent à leur tour s'en emparer.

Néanmoins, le seigneur de Goderville maintint son droit, basé non-seulement sur ses relations avec l'abbaye, mais encore sur la découverte qu'il avait faite de la vérité, et il fut convenu qu'il serait chargé de la restitution.

VII. Richard d'Argences

L'abbé Richard fut le premier abbé élu par le suffrage des religieux; jusqu'alors, ça avait été les ducs de Normandie qui avaient pris soin de désigner à l'avance ceux qu'ils entendaient voir élevés à l'abbatiat.

Richard était neveu de Raoul d'Argences, et comme lui, il laissa une réputation d'homme de bien.

Il était doux, affable et très-charitable, disent les historiens, et la tradition monacale lui sait gré d'avoir augmenté d'un quart la portion de vin de chaque religieux.

Il obtint du pape Honoré III, le pouvoir pour lui et les abbés de Fécamp, ses successeurs, de donner la tonsure et les ordres de portier et de lecteur.

Rien de particulièrement intéressant n'est à signaler sous cet abbatiat qui ne dura que deux ans et demi.

Richard mourut le 18 septembre 1222, et fut enterré dans l'abbaye, dans la chapelle saint Nicolas.

VIII. Richard de Paluel

Elu régulièrement par les religieux assemblés à cet effet, après la mort de Richard d'Argences, le nouvel abbé vit cependant son élection contestée par les abbés de saint Taurin et de la Croix-Saint-Leufroy, qui, dépendant de l'abbaye de Fécamp, prétendaient, en cette qualité, prendre part au vote et se plaignirent au pape Honoré III de n'avoir pas été appelés à donner leur voix. Le Saint-Père ne jugea pas la réclamation fondée et passa outre en validant l'élection de Richard.

Pendant les cinq années que dura l'abbatiat de Richard de Paluel, la paix fut loin de régner parmi les moines; des compétitions au titre d'abbé s'élevèrent; d'un autre côté, l'indiscipline s'accrut à ce point, que Richard n'eut plus le pouvoir de se faire obéir, chacun voulait commander et personne ne consentait à se conformer aux exigences de la règle; bref, le désordre devint tel, que, fatigué de ne pouvoir triompher du mauvais vouloir des moines, attristé, découragé, il porta l'expression de ses chagrins au pape, qui reconnaissant en lui un homme faible, impuissant à imposer sa volonté, facile à dominer, l'engagea à se démettre au plus vite de ses fonctions et à se choisir un successeur, ce qu'il fit, non sans regret, car à peine se fut-il conformé au désir papal, qu'il mourut le 17 août 1227, emportant avec lui le regret de n'avoir pu faire renaître le calme au milieu des moines qui n'avaient à lui reprocher que son manque de fermeté.

Il fut enterré dans la chapelle de saint Martin.

IX. Guillaume de Vaspail

Guillaume de Vaspail était prieur de saint Ouen de Rouen lorsque les religieux bénédictins de Fécamp, assemblés en chapitre, l'élirent en remplacement de Richard de Paluel.

Il fut, dit la *Chronique des abbés de Fécamp*, un modèle de vertu, doux, paisible, patient et prudent. Il eut de la peine dans les commencements de son administration, à cause des dettes que son monastère avait contractées pendant le gouvernement de son prédécesseur. Il soutint avec beaucoup de zèle et d'ardeur les droits et les priviléges de son monastère, il n'épargna rien pour l'avancement de ses religieux dans les sciences, tant divines qu'humaines. Il en envoya à Paris plusieurs pour y étudier ; parmi eux, il s'en trouvait trois du diocèse de Bayeux qui méritèrent, par leur bonne conduite, d'être élevés à la dignité abbatiale, savoir : Guillaume de Putot, qui fut abbé de Fécamp, Jacques, qui fut abbé de Saint-Pierre-sur-Dives, et Gabriel, qui fut abbé d'Ivry.

Guillaume de Vaspail fit, en 1241, le voyage de Rome avec Pierre de Colmieu, archevêque de Rouen, et plusieurs autres prélats à l'occasion d'un Concile.

Comme il opérait son retour sur les galères de Gênes, il fut fait prisonnier par des troupes de l'empereur Frédéric alors en guerre avec le pape ; l'adresse d'un archidiacre de Bayeux qui était alors à Naples et les prières de saint Louis, parvinrent à lui faire rendre sa liberté et il revint en France où il se voua exclusivement aux soins de son abbaye.

Ce fut sur les instances de Guillaume que le pape, par bulle spéciale, permit l'admission dans les ordres et les charges du monastère de dix clercs, fils naturels, à la seule condition qu'ils ne fussent ni incestueux ni adultérins.

Cette mesure avait été prise par suite de la grande quantité d'enfants naturels que les croisades avaient fait naître en séparant pendant des années des époux. Une autre bulle accorda à l'abbé de Vaspail le pouvoir de donner au peuple la bénédiction solennelle pendant les cérémonies religieuses.

En 1259, l'abbé fonda un anniversaire et donna, à cet effet, à l'abbaye, vingt livres de rente à prendre sur les biens qui lui appartenaient.

Il mourut peu de temps après et son inhumation se fit dans la chapelle saint André.

X. Richard de Trégos

C'est à une famille normande du diocèse de Coutances qu'appartenait le nouvel abbé qui fut élu, en raison de « sa piété, sa sagesse et sa modération. »

Son administration paternelle le fit aimer des religieux qui, en toutes occasions, trouvèrent en lui un champion de leurs droits et de leurs priléges ; ce fut ainsi qu'il termina à leur avantage un différend qui s'était élevé entre eux et les chanoines réguliers de Beaulieu, à propos du paiement d'un droit de dîme.

En 1265, il acheta du seigneur d'Engleville, Nicolas Hotot, les vallées de Veulettes, de Palluel et de Vittefleur et fit établir le port de Claquedent, à l'endroit où la rivière de Palluel se jette dans la mer.

On lui attribue aussi la construction de l'Hôtel-de-Ville de Fécamp.

Lorsque le pape Grégoire X convoqua, en 1277, le Concile qui devait décider la dernière croisade, Richard de Trégos y fut appelé et, mû par le zèle religieux dont il avait donné tant de preuves, il fit vœu de prendre la croix et de se joindre au premier départ qui aurait lieu pour Jérusalem.

Le pape Jean XXII, qui succéda à Grégoire, confirma à l'abbé son désir de le voir partir pour la Palestine et, par une bulle datée de Viterbe, il déclara placer le monastère de Fécamp et tous les biens en dépendant sous la protection de l'église et en nomma administrateur provisoire Jean de Paris, chanoine de Boulogne. On ignore si Richard partit, il mourut à Fécamp, le 17 septembre 1284 (quelques historiens disent en 1286) et fut inhumé dans la chapelle de la Vierge.

XI. Guillaume de Putot

Guillaume de Putot non-seulement se distingua par sa piété, sa prudence et sa fermeté, mais il rendit des services signalés à l'abbaye, d'abord en luttant énergiquement contre le roi de France, Philippe IV dit le bel, qui voulait déposséder le monastère du droit de haute justice qu'il tenait des ducs de Normandie et qui lui avait été confirmé par les prédécesseurs de Philippe.

Ce prince, vaincu par la ferme opposition que lui fit l'abbé, et par les preuves qu'il lui donna de la possession séculaire de ce droit par l'abbaye, non-seulement renonça à l'en dépouiller, mais au contraire le lui confirma à nouveau par lettres patentes de 1288, et en étendit l'exercice à toutes les terres abbatiales.

Les papes, sollicités par l'abbé de **Putot**, tout dévoué aux intérêts de l'abbaye, confirmèrent également par des bulles successives les priviléges qui lui avaient été précédemment accordés.

Les douze années qu'il passa comme abbé, il les employa toutes, soit à des travaux utiles qu'il dirigea, soit à la formation d'importants projets dont il poursuivit l'exécution.

Ce fut ainsi qu'il fit bâtir le château des Hogues et construire plusieurs autres édifices.

Les bâtiments de l'abbaye furent aussi considérablement augmentés et réparés par ses soins; il fit élever la chapelle de la Vierge et celles de saint André et de saint Jean, et ordonna la construction de canaux qui conduisent l'eau de la fontaine Gohier jusque dans le cloître.

Il mourut en 1296 et fut inhumé dans la chapelle saint André qu'il avait fait construire.

XII. Thomas de saint Benoît

Si nous en croyons la *Chronique des abbés de Fécamp*, Thomas de saint Benoît, orné de très-belles qualités, tant d'esprit que de corps, était humble, doux et affable à tout le monde; aussi « était-il les délices des bons religieux. »

Il était originaire de Coutances et fut appelé à succéder à Guillaume de Putot, un mois après la mort de celui-ci.

Il fut le premier abbé de Fécamp qui alla à Rome pour se faire confirmer par le pape.

« En 1305, il assista au concile de Déville, près Rouen. Guillaume de Flavacourt, archevêque de Rouen, qui y présida, donna acte que la présence de l'abbé Thomas au concile ne pourrait nuire ni préjudicier aux droits et aux priviléges de son exemption. »

En la même année, Mathieu, archidiacre de Caux, lui donna un acte semblable, par lequel il déclara que la demeure qu'il a faite dans le monastère de Fécamp ne pourra donner aucune atteinte aux droits de son monastère. Le zèle de notre abbé pour l'embellissement de l'église parut, lorsqu'il fit exhausser la sous-aile qui est du côté de l'épître et les chapelles qui sont du même côté, de la manière qu'on le voit encore aujourd'hui. Il aurait continué à exhausser le côté de l'évangile, si la mort n'avait point arrêté son entreprise. Elle arriva le 3 septembre 1308, après qu'il eut gouverné le monastère dix ans six mois. Il fut inhumé dans la chapelle saint Jean-Baptiste.

XIII. Robert de Putot

Rien de particulier ne signala l'administration de cet abbé, qui fut élu en octobre 1308; il eut, dès son installation, à réprimer certains abus que son prédécesseur avait laissé s'introduire dans le monastère ; la discipline, très-relâchée, avait besoin qu'une main ferme imprimât une direction nouvelle à quelques-uns des religieux qui s'écartaient trop ouvertement des préceptes de la règle imposée à tous.

Grâce à son énergie, mitigée par un grand esprit de conciliation, l'abbé Robert parvint facilement à ramener l'ordre au monastère qui, pendant les dix-neuf années que dura son abbatiat, ne cessa de prospérer.

Robert de Putot, dont on cite la libéralité, prit sous son patronage l'hôpital d'Harfleur auquel il fit don d'une rente considérable, à la condition qu'il reconnaîtrait pour fondateurs les abbés et religieux de Fécamp et qu'il serait soumis au droit de haute justice exercé par l'abbaye.

Quelque temps après, il assista au synode qui fut tenu à Rome en 1311.

En 1317, il se rendit au concile assemblé à Pontoise par l'archevêque de Rouen, sur l'ordre du pape Clément V, et qui avait pour but l'information de l'affaire des templiers, en ayant soin toutefois de protester que sa présence ne pourrait point préjudicier aux droits de son exemption.

En 1321, on le voit aussi figurer parmi les membres du concile de Pont-Audemer.

Il mourut le 20 juin 1326 et fut inhumé entre les chapelles de saint André et de saint Jean-Baptiste.

XIV. Rogier de Roziers

Pierre Rogier de Roziers, originaire du Limousin, fils de Guillaume Rogier de Roziers, seigneur de Mallemons, et de Marie de Chambon, fut d'abord religieux profès de l'abbaye de la Chaise-Dieu en Auvergne.

Il fit ses études de philosophie et de théologie à Paris avec tant de succès, qu'il fut estimé le plus grand théologien et le plus grand prédicateur de son temps. Docteur en Sorbonne, cette illustre maison le considéra comme un de ses bienfaiteurs et voulut qu'on le représentât sur une des vitres de la chapelle de l'école, à genoux, les mains levées vers une image de la sainte Vierge, avec cette inscription : Clément VI, proviseur de cette maison.

Elu abbé de Fécamp en 1326, il demeura peu de temps en possession de cette dignité ; le roi de France, Philippe de Valois, qui avait su apprécier l'élévation de son esprit et l'intelligence diplomatique qu'il avait déployée dans certaines négociations dont il l'avait chargé, le désigna pour l'évêché d'Arras, en 1329.

Mais une plus haute destinée était réservée à

Rogier de Roziers; le roi le nomma garde des sceaux, puis le pape Benoît XII le fit cardinal du titre des saints Nérée et Achille, le 18 septembre 1338.

Et enfin, pour couronner cette magnifique carrière, il fut élevé à la souveraine dignité papale, le 7 mai 1342 et couronné le 19 du même mois dans l'église des Jacobins de cette ville, sous le nom de Clément VI.

XV. Philippe de Bourgogne

Avant de quitter l'abbaye de Fécamp, Rogier de Roziers qui connaissait le mérite de Philippe de Bourgogne, le désigna pour son successeur. Il était prieur de Longueville, lorsqu'en 1329, il fut appelé par l'autorité apostolique au gouvernement de l'abbaye, qu'il ne garda pas longtemps. A peine fut-il élu, qu'une maladie mortelle l'enleva, avant même qu'il fut installé, ce qui explique pourquoi certains historiens ont omis son nom sur le catalogue des abbés.

XVI. Robert de Breschy

Cet abbé, dont les chroniqueurs nous ont laisé le portrait le plus flatteur, méritait de vivre plus longtemps, car « il avait toutes les qualités nécessaires pour un bon pasteur; il était doux, humble, vigilant, il aimait véritablement le bien. »

Aussi fut-il très-regretté par ses religieux, qui le pleurèrent à sa mort, survenue deux ans et deux mois après son élection, c'est-à-dire le 5 août 1332.

Il était religieux profès à l'abbaye, lorsque le suffrage de ses condisciples le porta à l'abbatiat. Son premier acte fut d'acquitter les dettes du monastère, et lorsque sa mort arriva, l'abbaye était complétement libre de tous les engagements qui avaient été contractés précédemment, grâces aux réformes et aux économies de l'abbé, qui eut fait de grandes choses, si Dieu ne l'avait pas sitôt ravi à l'affection des moines.

Son tombeau fut édifié devant l'autel de saint Taurin, à gauche, près la muraille.

XVII. Guillaume du Bourget

La famille du Bourget, de bonne noblesse normande, a fourni cet abbé, simple religieux d'abord et élu abbé en 1332.

« Tout était grand en lui : sage, dévot, craignant Dieu et aimant beaucoup son ordre. La grâce qui régnait dans son cœur le rendait toujours attentif sur lui-même et le disposait à prouver l'avancement de ses religieux ; il se rendit aimable à tout le monde et gouverna son monastère dans le véritable esprit de saint Benoît. Il aurait été à souhaiter qu'une vie aussi sainte que la sienne eût duré plus longtemps. Dieu récompensa ses mérites le 28 septembre 1334. Il fut enterré dans la chapelle saint Taurin. » (1)

XVIII. Guillaume Chouquet

Savant, prudent dans ses conseils, véritable dans ses paroles, juste, fidèle, honnête et zélé pour les intérêts de Dieu et de la religion, tel était Guillaume Chouquet, né à Bayeux, et qui obtint, lors de son élection, l'unanimité des voix.

Son prédécesseur ayant négligé d'acquitter, à la chambre apostolique, les droits de promotion que devait chaque nouvel abbé élu, Guillaume envoya mille florins d'or, tant en son nom qu'en celui de Guillaume du Bourget. Ce trait l'honora d'autant plus qu'il n'était pas riche ; aussi dût-il vendre une forêt que le couvent possédait en Angleterre, pour payer quelques dettes de la communauté.

Il mourut le 5 avril 1343 et eut sa sépulture dans la nef de l'église abbatiale.

XIX. Nicolas de Nanteuil

Cet abbé se distingua particulièrement de ses

---

(1) Leroux de Lincy.

prédécesseurs par la méchanceté de son caractère et l'irritabilité de son humeur; il avait été élevé à l'abbatiat par la volonté du pape Clément VI, qui l'avait imposé aux religieux.

C'était un triste présent que le pape leur avait fait; l'abbé Nicolas passait tout son temps à tourmenter les moines, et il se rendit tellement odieux, non-seulement à eux, mais encore aux vassaux de l'abbaye qu'il vexait et humiliait à plaisir, qu'on se révolta contre lui et qu'il eût été mis à mort par les plus justement courroucés, si quelques religieux, plus prudents, n'eussent préféré s'adresser au pape pour obtenir justice.

Ils envoyèrent donc à Clément une supplique dans laquelle, après lui avoir exposé l'état d'irritation des esprits amenée par les mauvais procédés et les abus d'autorité de Nicolas, ils suppliaient Sa Sainteté de vouloir bien aviser au plus vite en remplaçant l'abbé.

Clément VI, frappé du ton ferme et empreint de sincérité de cette réclamation, envoya au monastère une députation composée de l'évêque d'Avranches, de l'abbé du Val Richer et de l'abbé de Corneville, avec mission de l'informer de l'état exact des choses et à les pacifier.

Les commissaires du saint-siége parvinrent à obtenir un semblant de soumission de la part de l'abbé Nicolas, qui s'engagea à apporter désormais plus de douceur et de facilités dans ses rapports avec ses moines et ses vassaux ; ils s'en retournèrent en se félicitant du résultat obtenu, mais à peine furent-ils hors de Fécamp, que l'abbé Nicolas, qui n'avait obéi que par contrainte aux ordres du pape, reprit toutes ses habitudes de domination et d'emportement.

De nouvelles plaintes furent adressées à Rome à ce sujet, et cette fois, le pape, éclairé sur les véritables torts de l'abbé, lança contre lui un bref d'interdiction, et plaça le monastère sous l'administration des vicaires, jusqu'à ce qu'un abbé fût régulièrement élu, ce qui eut lieu en 1357, époque à laquelle mourut Nicolas de Nanteuil.

XX. Jean de la Grange

Jean de la Grange, dit de Bouchamage, issu d'une famille noble du Beaujolais, succédant à un abbé qui avait jeté le trouble et la confusion dans son monastère, devait avoir de grandes difficultés à vaincre pour y ramener le calme et l'harmonie ; néanmoins, il y parvint sans trop de peines, grâce à l'esprit de conciliation qui l'animait et aux qualités de son caractère, plein d'aménité et de justice.

Il gouverna le monastère, dit la *Chronique de Fécamp*, de la manière que saint Benoît le prescrit dans sa règle, et l'observance fut en vigueur pendant les quinze années qu'il gouverna l'abbaye de Fécamp ; l'office divin, que saint Benoît recommanda par-dessus toutes choses, s'y faisait selon l'esprit de la sainte règle. L'amour de la paix et le désir de bien vivre avec tout le monde, le portèrent à concilier tous les procès que le monastère avait avec les particuliers ; il amortit une rente de 300 livres que le monastère faisait à Louis de Fécamp. Il fit faire plusieurs travaux pour honorer et embellir l'église et augmenta les bâtiments du monastère. Il y fit faire des fortifications pour le mettre à couvert des insultes des ennemis. Il fonda la messe qui se dit à cinq heures pour les fondateurs et les bienfaiteurs, et l'obit pour Charles V, roi de France.

Innocent VI, qui connaissait la vivacité et l'étendue de l'esprit de l'abbé de la Grange et sa prudence dans les négociations, lui ordonna d'accompagner, avec Pierre, abbé de Cluny, le cardinal Guy de Bourgogne, son légat, qu'il envoya en Espagne pour travailler à une paix solide entre les rois d'Aragon et de Castille. Dans le traité qui fut fait entre les deux monarques, on donna à Jean de la Grange et à l'abbé de Cluny la qualité de nonces apostoliques.

Le roi Charles V fit, en outre, de l'abbé de la Grange son ministre d'Etat et le nomma surintendant des finances et précepteur de ses enfants.

Il devint encore évêque d'Amiens, en 1372, et

le 20 décembre 1375, Grégoire XI, à la prière du roi de France, le nomma cardinal-prêtre du titre de sainte Marcelle, titre qu'il échangea plus tard, par ordre de Clément VII, pour l'évêché de Frascati.

Chargé de nombreuses missions diplomatiques par le roi de France et par les papes, il les accomplit toutes avec une grande sagacité, et il mérita d'être considéré comme un des hommes les plus remarquables de son siècle.

Il mourut à Amiens, le 24 avril 1402, et ses cendres furent déposées dans la cathédrale de cette ville.

XXI. Philippe du Fossé

Le successeur de Jean de la Grange fut Philippe du Fossé, issu d'une famille noble de Bourgogne.

Il fit peu parler de lui ; pendant les neuf années qu'il gouverna le monastère, il s'occupa des travaux de réparation de la forteresse de Fécamp.

Il eut aussi à réclamer contre la confiscation que le roi d'Angleterre, Edouard III, fit du manoir de Cheltelham qui était situé dans le comté de Glocester, et appartenait à l'abbaye et qui fut donné par lui à un chevalier anglais, Simon Burle.

Les réclamations de l'abbé n'eurent aucun résultat et la propriété de ce manoir fut à jamais perdue pour les bénédictins.

L'abbé Philippe mourut le 16 juin 1381, et fut enterré sur la droite de la nef, devant l'autel où l'on célébrait la messe du matin.

XXII. Pierre Cervaise de Riville

Né à Riville, près Fécamp, Pierre Cervaise était simple religieux au monastère, lorsque son mérite et sa piété le firent choisir pour succéder à Philippe du Fossé et bénir par le pape Urbain VI.

Peu de temps après son élection, il partit pour Avignon, afin de prêter serment de fidélité au pape Clément VII, qui avait succédé à Urbain, ainsi que le faisait chaque nouvel abbé.

La formule du serment jusqu'alors en usage était celle-ci :

Admis en la présence de sa sainteté, l'abbé s'inclinait et le pape lui demandait :

— Voulez-vous, mon frère, vivre et enseigner vos religieux dans la règle de saint Benoît ?

— Je le veux, répondait l'abbé.

— Voulez-vous faire un bon usage des biens de l'église qui vous sont confiés et retirer les biens aliénés ?

— Je le veux.

— Voulez-vous faire l'aumône aux pauvres et recevoir les pèlerins ?

— Je le veux.

— Voulez-vous, par une bonne conduite, édifier votre ordre, en portant un habit modeste et religieux ?

— Je le veux.

— Voulez-vous, comme un fils sage, obéir au souverain Pontife, à ses successeurs et à l'église ?

— Je le veux.

L'évêque, présent à la cérémonie, disait ensuite :

— Faites votre serment.

Et l'abbé prononçait ces paroles :

— Je .... abbé de l'église de Fécamp, promets obéissance et respect canonique au souverain Pontife et à ses successeurs et à l'église romaine, et je le signe de ma propre main.

L'abbé Pierre modifia cette formule, et par son serment, il promit fidélité, obéissance au bienheureux Pierre, à la sainte église romaine et aux papes canoniquement élus; de ne point conspirer contre leurs personnes sacrées, en quelque manière que ce fût, et de leur garder un secret inviolable dans les affaires qui lui seraient confiées ; de les défendre contre tous, sauf le droit de son ordre ; de bien recevoir les légats du saint-siége, de les assister dans les affaires; de se trouver aux conciles quand il y serait appelé, s'il n'en est canoniquement empêché ; de visiter tous les ans le sépulcre des apôtres, si la cour de Rome est en deçà des monts, et de deux ans en deux ans, si elle est au delà, ou par lui, ou par son procureur, à moins d'une dispense du saint-siége ; de ne point vendre ni aliéner, en aucune manière, les fonds de son monastère sans la permission du saint père.

Et il finit par ces mots :

— Dieu soit en mon aide et les saints évangiles de Dieu.

L'abbé Gervaise prêta aussi serment de fidélité au roi de France Charles VI, dans l'abbaye de saint Denis, et de là passa en Angleterre, afin de se rendre compte de l'état des biens que le monastère y possédait encore.

Il y envoya successivement plusieurs religieux pour les gérer et s'occupa activement des intérêts de la communauté.

Sa mort arriva le 5 novembre 1390.

Un tombeau lui fut élevé à l'entrée de la chapelle de saint Pierre.

XXIII. Estod d'Estouteville

La famille d'Estouteville fut une des plus considérables de la haute Normandie ; Estod était fils de Jean d'Estouteville, seigneur de Tourcy et d'Estoutemont, et de Jeanne de Fiennes. Il avait pris l'habit bénédictin au monastère de Fécamp ; il le quitta pour l'abbaye de Cérisy, puis il fut appelé à celle du Bec dont il était abbé, quand il fut choisi pour l'abbatiat du monastère de Fécamp.

Homme instruit, docteur en droit canon, Estod gouverna avec sagesse ses moines ; il fut le fondateur de la messe de Notre-Dame, avec obligation aux enfants de chœur et aux musiciens de la chanter ; on lui doit aussi, non pas la fondation du collége de Lisieux, à Paris, ainsi que le prétendent plusieurs historiens, ce collége ayant été créé par Guy de Harcourt, évêque de Lisieux, mais des fondations utiles, faites à ce collége par lui et ses deux frères. Ces trois d'Estouteville en accrurent les revenus et facilitèrent la construction de nouveaux bâtiments (1) dans un lieu plus convenable que le premier choisi.

Toutefois, ce collége qui n'était doté qu'en numéraire, lors de sa dépréciation, devint pauvre, et on fut obligé d'abaisser le nombre des écoliers, qui primitivement, était de vingt-quatre, à dix-huit, neuf grandes bourses et neuf petites ; deux étaient à la présentation du seigneur de Torcy, huit à celle de l'évêque de Lisieux et huit à celle de l'abbé de Fécamp.

---

(1) Dulaure. Histoire de Paris.

En 1392, l'abbé Estod se rendit à Saint-Germain-en-Laye, où il prêta serment de fidélité au roi Charles et, en 1408, il nomma Wriperden, son procureur, pour assister en son nom au concile de Pise.

« Il refusa de se soumettre aux règlements du concile de Rouen, pour ne pas préjudicier aux droits de son exemption et de son monastère, qu'il gouverna pendant trente-trois ans avec beaucoup de prudence et de sagesse. Il décéda le 13 octobre 1423, et il fut enterré dans la nef de l'église abbatiale de Fécamp, dans un sépulcre tout uni, l'ayant ainsi ordonné. »

XXIV. Gilles de Duremont

Professeur en théologie, successivement abbé de Beaupré et de Bellebec, il succéda à Estod d'Estouteville à l'abbaye de Fécamp, en 1423 ; ce fut le premier abbé nommé sous l'influence anglaise ; aussi son élection fut-elle contestée ; mais il parvint à la faire valider et prêta foi et hommage, à Paris, entre les mains du duc de Betford, régent du royaume et représentant le roi d'Angleterre.

Revenu à Fécamp, son premier soin fut d'augmenter les bâtiments du monastère et d'en accroître les revenus par de nouveaux acquets.

Gilles de Duremont assista au concile tenu à Rouen, après avoir eu soin de protester que sa présence ne pourrait nuire ni préjudicier aux droits de son exemption et qu'elle était libre et sans contrainte.

Il fut pourvu, en 1437, de l'évêché de Coutances, ce qui ne l'empêcha nullement de converser son bénéfice abbatial et, pendant vingt ans, il gouverna convenablement son monastère; mais, dévoué aux anglais, il ne craignit pas de prendre part au jugement infâme qui envoya Jeanne d'Arc à la mort, et, bien qu'on fasse honneur à Gilles Duremont de s'être interposé pour sauver un des assesseurs du tribunal, Nicolas de Houppeville qui, plus honnête que lui, avait hautement élevé la voix en faveur de l'accusée, l'histoire doit attacher le nom de Duremont au poteau d'infamie, non-seulement pour le crime abominable qu'il commit, en condamnant Jeanne d'Arc au bûcher, mais surtout pour la condescendance coupable qu'il montra à l'égard de l'étranger dont il s'était fait le complice et l'agent.

Il mourut le 29 juillet 1444, et ses restes mortels furent déposés dans l'église saint Lô de Rouen.

XXV. Jean de la Haülle

Originaire du pays de Caux, fils du seigneur de Grémonville, Jean de la Haülle se fit représenter par son frère, le chevalier Jacques de la Haulle, en 1446, dans la prestation de serment de fidélité qu'il devait au roi de France. Dix ans plus tard, il présenta lui-même à Charles VII l'aveu général des biens de l'abbaye, et en 1460, il fut fait conseiller du roi.

Plusieurs règlements de justice et d'administration furent mis en vigueur par cet abbé qui, pendant vingt et un ans, gouverna sans efforts ; il était aimé de ses moines et il profita de la haute protection qu'il occupait auprès du roi Louis XI pour obtenir quelques faveurs à la communauté ; on lui doit aussi la réintégration de Robert d'Estouteville dans sa charge de prévôt de Paris, que Louis XI lui avait enlevée et qu'il lui rendit à la sollicitation de l'abbé Jean.

Il mourut en novembre 1465, et fut enterré dans la nef de l'église abbatiale, devant le crucifix.

XXVI. Jean Balue

Jean Balue était déjà évêque d'Evreux et cardinal, lorsqu'il succéda à l'abbé de la Haulle.

Fils d'un tailleur de Poitiers, ce personnage, qui joua un rôle important dans les affaires publiques, avait débuté par se mettre au service de Jacques Juvénal des Ursins, évêque de cette ville, et à la mort de ce premier maître, qui l'avait nommé son exécuteur testamentaire, il se retira à Angers, où il mérita les bonnes grâces de l'évêque Jean de Beauveau, qui le nomma son grand vicaire. Dans cette place il fit, dit-on, un commerce scandaleux de bénéfices et amassa de grandes richesses.

Balue, qui était ambitieux, ne s'en tint pas là ; il suivit l'évêque à Rome, lorsque celui-ci y fut envoyé comme ambassadeur auprès de Pie II et, à son retour, il mena si habilement la conduite de ses affaires, qu'avec l'aide de Charles de Melun, un des favoris du roi, il parvint à se faire nommer aumônier de Louis XI, son confesseur, son trésorier, ensuite, il se fit faire secrétaire d'Etat et évêque d'Evreux, puis d'Angers, et reçut enfin, de Rome, le chapeau de cardinal pour avoir réussi à faire abolir la pragmatique-sanction, malgré l'opposition du Parlement et de l'Université.

On le vit conduire tout à la fois les affaires de l'église et celles de l'Etat; toutefois, le jugement que les historiens ont porté sur lui, est loin d'être à son honneur.

C'était, dit l'un d'eux, un homme d'un caractère méprisable, de mœurs dépravées, d'une avidité sans égale et qui trahit tous ses bienfaiteurs.

Un autre a dit de lui que de tous les vices il ne lui manquait que l'hypocrisie; comblé d'honneurs, de richesses et de dignités, la trahison était tellement entrée dans les habitudes de sa vie, qu'il entama des négociations secrètes avec le duc de Bourgogne, Charles le Téméraire, et lui vendit les secrets du roi de France.

Des lettres interceptées dévoilèrent sa perfidie et son intrigue, et Louis XI le fit enfermer au château d'Onzain, près de Blois, dans une cage de fer qu'il avait, dit-on, lui-même imaginée, pour servir les vengeances de son maître.

Le monastère de Fécamp, auquel le cardinal ne prêtait qu'une attention bien secondaire, était administré par des vicaires généraux. Le roi Louis XI, voulant faire cesser cet état de choses, proposa au pape, comme abbé de Fécamp, Jean de Gonzalès, archevêque de Séville ; le pape, qui avait désapprouvé l'arrestation du cardinal, ne se pressait pas d'accéder à ce vœu ; mais Louis XI était tenace, il écrivit trois fois au saint-père et finit par obtenir la nomination qu'il désirait.

XXVII. Mendoza de Gonzalès

Pierre de Mendoza de Gonzalès, archevêque de Séville, chancelier de Castille et de Léon, fut promu à l'abbatiat de Fécamp en 1473, mais rien n'indique qu'il s'occupa plus de l'abbaye que Jean Balùe. Le seul acte qu'on retrouve de son autorité, fut la nomination de dom Alphonse de Rena au titre de vicaire général.

Il posséda fort tranquillement son bénéfice jusqu'en 1480, époque à laquelle le monastère de Fécamp fut restitué à Jean Balue.

Il mourut le 11 janvier 1495 et fut enterré dans la cathédrale de Tolède.

XXVIII. Jean Balue

Après onze années de captivité, Jean Balue fut rendu à la liberté, aux sollicitations de Philippe de Commines et du cardinal Julien de la Rovère, depuis Jules II. Louis XI, soit qu'il eût reconnu la non culpabilité de son ancien ministre, soit qu'il n'en eût jamais été bien certain, obtint du saint-siége un bref d'absolution pour l'incarcération qu'il avait fait subir au prélat, il lui rendit ses bénéfices et, entre autres, l'abbaye de Fécamp, dont celui-ci jouit jusqu'à sa mort.

Il se rendit à Rome où il fut comblé d'honneurs. Le pape l'envoya en France en qualité de légat *à latere*, mais le parlement refusa d'abord de le recevoir; toutefois, le conseil d'état consentit à l'admettre, en imposant à ses pouvoirs de nombreuses restrictions.

De retour en Italie, il fut fait évêque d'Albano, puis de Prœneste, et mourut à Ancône, en 1490.

XXIX. De la Haye de Passavant

Antoine de la Haye de Passavant, professeur de théologie, conseiller du roi et abbé de saint Corneille de Compiègne, était fils de Louis de la Haye de Passavant, seigneur de Mortagne et du bois d'Aubanne, et de Marie d'Orléans, fille de Jean, comte de Dunois et de Longueville. Il se trouvait, par sa mère, cousin de Louis XII ; il reçut, à la mort de Jean Balue, les bénéfices de l'abbaye de Fécamp et prêta serment au roi Charles VIII à Lyon, en 1492.

Aucun fait important ne signala les douze années que dura son abbatiat ; d'ailleurs, à l'exemple de la plupart de ses prédécesseurs, il s'occupa plus des affaires de l'état que de celles de l'abbaye, le roi l'ayant appelé à ses conseils et lui ayant fait prendre part à toutes les grandes décisions qui en émanèrent.

Pourvu de l'abbaye de saint Denis, en 1503, il mourut le 20 janvier 1504 et fut enterré dans la vieille basilique des rois de France.

XXX. Antoine le Roux

La mort d'Antoine de la Haye réveilla chez les religieux le désir de faire revivre leur ancien-droit d'élire leurs abbés, et ils commencèrent par choisir, par voie d'élection, Antoine le Roux, religieux et aumônier de l'abbaye.

Mais le roi François Ier, qui tenait essentiellement à se réserver le droit de pourvoir qui il voudrait de l'abbatiat, refusa de valider le choix des religieux, et nomma abbé Antoine Bohier ou Boyer; de leur côté, les moines ne voulurent pas reconnaître le choix du roi et Antoine le Roux intenta à son compétiteur un procès qu'il perdit ; force lui fut, après quelques autres tentatives qui n'eurent pas de meilleur résultat pour lui, de se contenter de l'abbaye de saint Georges de Boscherville, que le roi lui offrit en 1508, et qu'il accepta, tout en conservant le titre et les fonctions d'aumônier de l'abbaye de la Sainte-Trinité.

Ce fut en cette qualité qu'il fit présent à la communauté, en 1533, de la grosse cloche du monastère, qui ne pesait pas moins de 12,500 livres.

L'abbé Le Roux décéda en 1535 et fut inhumé dans le chœur de l'église de saint Georges de Boscherville.

XXXI. Antoine Bohier, aliàs Boyer

Antoine Bohier ou Boyer était originaire d'Auvergne, fils d'Austremont Bohier, baron de Saint-Ciergue et de Béroalde Du' Prat, tante d'Antoine du Prat, premier président au parlement de Paris et ensuite cardinal.

Il fut moine à Fécamp et abbé de saint Ouen en 1491.

Son frère, le général Bohier, est connu sous le nom du général de Normandie.

Tous deux durent leur fortune au grand chancelier Du Prat, qui, en possession des bonnes grâces de Louise de Savoie, obtint de celle-ci de les gratifier des charges et des dignités éminentes dont ils jouirent.

Ce fut par la protection de cette princesse qu'Antoine devint successivement chancelier de Normandie, second président au parlement de Rouen, archevêque de Bourges et fut plus tard, en 1517, créé cardinal au titre de saint Anastase, au préjudice de l'évêque de Liége, auquel François Ier avait promis cette faveur.

Il fut « grand bâtisseur », dit un ancien manuscrit.

Les moines de Fécamp n'eurent qu'à se louer de son goût pour le bâtiment, car s'il y sacrifia constamment pendant les quatorze années qu'il fut abbé de Fécamp, (il fut en outre abbé de saint Ouen en 1492 et abbé de Boscherville en 1494), il ne cessa d'embellir les bâtiments du monastère et particulièrement l'église, dont il fit faire le grand autel de marbre blanc, les deux figures de saint

Taurin et de sainte Suzanne, vierge et martyre, avec le mausolée et les figures qui y sont représentées, et il y fit enfermer les corps de quatre saints.

« Il fit incruster de marbre blanc le lieu où l'on garde le précieux Sang de Notre Seigneur, enchâssé dans un reliquaire en forme d'église, fort bien travaillé; la crosse où est suspendu le saint Sacrement de l'autel, les colonnes de cuivre qui sont dans le sanctuaire, l'aigle du chœur; les tapisseries qu'on tend aux fêtes solennelles, où sont exprimées les trois fondations de l'abbaye, le martyre des religieuses de Fécamp et l'action héroïque qu'elles firent, en se coupant le nez, pour conserver leur pureté de la brutalité des barbares, et d'autres tapisseries moins précieuses pour tous les jours. Il fit fermer le chœur et les chapelles de balustrades de pierres habilement travaillées, à la réserve de la chapelle de saint Jean-Baptiste, que dom Pierre de Presteval fit faire. Il fit encore paver l'église de pierre dure, depuis la porte de la nef jusqu'à la porte du cloître, et acheva le jubé que D. Robert Chardon, religieux du monastère, qui vivait encore, avait commencé.

« L'abbé fit faire encore le Calvaire et la descente de Croix de Notre Seigneur qui est derrière le grand autel; ce fut par le même zèle pour l'église de Fécamp que l'abbé Boyer obtint de sa sainteté des indulgences pour tous les fidèles qui visiteraient l'abbaye de Fécamp le jour de la dédicace de l'église, quand elle arriverait le jour de la Sainte-Trinité. »

Les nombreux travaux d'art exécutés sur les ordres de l'abbé par des artistes de grand mérite qu'il avait fait venir tout exprès d'Italie, ne se bornèrent pas à l'église de la Sainte-Trinité; il fit orner avec élégance les églises de Sainte-Croix, de saint Léonard et de saint Nicolas, et commença à réédifier l'église de saint Etienne, que son départ empêcha de terminer d'après les plans qu'il avait arrêtés. Il n'y eut de fini que la tour, les deux branches latérales de la croix et l'élégante façade, au style transitoire du gothique à la renaissance, que l'on remarque en face de la place du marché (1).

Non-seulement l'abbé Bohier fut « grand bâtisseur », mais les historiens ajoutent qu'il fut aussi fin diplomate et que, chargé de plusieurs missions secrètes et importantes, elles furent toutes couronnées de succès.

Il négocia le traité de paix qui fut signé entre la France et l'Angleterre, en 1510.

Cet abbé a mérité d'être considéré par la postérité comme un des plus grands hommes qui gouvernèrent le monastère de Fécamp.

Il était à Blois lorsqu'il y tomba malade, en

---

(1) Hist. de la ville et de l'abb. de Fécamp, par Fallue.

1519, il y mourut le 27 novembre de la même année ; il fut enterré dans la nef de la cathédrale de Bourges.

XXXII. Adrien Gouffier

C'est à la maison de Gouffier, illustrée par les dignités de grand-maître, d'amiral, de grand aumônier et de grand écuyer de France, et par ses grandes alliances avec les maisons de Lorraine, de Lannoy, de Montmorency, de Créqui, de Mouchy, de Crèvecœur, d'Ailli, de la Trémoille, etc., qu'appartenait l'abbé Adrien Gouffier, fils de Guillaume de Gouffier, seigneur de Boessy, de Bonnivet, de Biron, et sénéchal de Saintonge, chambellan du roi Charles VII et gouverneur de Charles VIII, et de Philippe de Montmorency, veuve de Charles de Melun, baron des Landes.

Ses sentiments de piété le destinèrent fort jeune à l'état ecclésiastique, et à 14 ans, il fut pourvu de l'office de protonotaire. Il obtint la dispense d'âge, ce qui lui permit de posséder toute espèce de bénéfices.

Il fut nommé à l'évêché de Coutances par le roi Louis XII, et François Ier le fit nommer cardinal par le pape Léon X et, bientôt après, il fut envoyé en France en qualité de légat. En 1519, il était nommé abbé de Fécamp, et l'année suivante, il devenait évêque d'Alby; il possédait déjà l'abbaye de Bourg-Dieu, en Berry, et celle de Cormery, en Touraine; le 27 juin 1521, François Ier lui accorda la sauvegarde et la protection royales pour son monastère de Fécamp, avec l'attribution de ses causes, aux requêtes du palais.

Les religieux durent à cet abbé les premiers bréviaires imprimés qui, jusqu'alors, étaient écrits à la main par des copistes.

La *Chronique des abbés de Fécamp*, publiée par M. Leroux de Lincy, cite le testament qu'Adrien de Gouffier fit peu de temps avant sa mort, et aux termes duquel il ordonna d'être inhumé dans le monastère de Bourg-Dieu, devant la chapelle de Notre-Dame-du-Chevet, et institua pour exécuteurs testamentaires l'amiral de France et l'abbé de Saint-Denis, ses deux frères, et à leur défaut Réné de Cossé, son beau-frère, et Charles de Beauveau, prieur conventuel du Bois-d'Olonne, le prévôt de la chapelle de Defon et le prieur de Saint-Jean-lès-Blois, ses serviteurs domestiques.

Par ce testament, il légua douze cents écus à l'église cathédrale d'Alby, à la charge de quatre anniversaires qui se doivent dire aux Quatre-Temps de l'année; douze cents livres, avec sa chapelle qui était de vermeil doré, à l'abbaye de Bourg-Dieu, lieu de sa sépulture, et, pour une pareille fondation de quatre anniversaires et l'entretien d'un novice à l'abbaye de Fécamp, 1,200 écus ; 1,000 livres pour distribuer aux pauvres ; 1,500 livres à la fabrique d'une église d'Alby ; 1,000 écus pour aider à achever l'église de Doirou ; 100 écus aux pauvres de ladite paroisse ; 4,500 livres à trois cents pauvres filles, dont il y en avait cent de Bourg-Dieu et de Villendren, cent de Fécamp et des environs, et cent de son diocèse d'Alby ; 200 livres pour distribuer aux couvents des mendiants, 6,000 livres et une caisse de diamants à sa nièce, Mlle de Brissac, et 6,000 à sa nièce, Mlle de Montreuil.

Il mourut au château de Villendren, le 24 juillet 1525, peu de temps après avoir testé.

Par suite de l'inventaire qui fut fait après sa mort, on trouva 2,500 écus d'or de monnaie ; quatre-vingt-cinq médailles de divers métaux, cinq grands saphirs et bon nombre de pierreries, une pièce de licorne de deux pieds, deux coupes d'or, quantité de vaisselle d'argent.

XXXVIII. Jean de Lorraine

L'abbé Jean appartenait à cette grande maison de Lorraine dont l'origine remonte à l'empereur Lothaire, fils de Louis-le-Débonnaire, qui, dans le partage qu'il fit à ses trois fils, donna au second, aussi nommé Lothaire, la Bourgogne avec l'Austrasie qui, de son nom, fut appelée Lotharingia, Lothier et Lorraine.

Les premiers ducs de Lorraine se contentaient des titres de ducs et marquis qui sont aussi anciens dans leurs diplômes et leurs sceaux que leur souveraineté; le titre de marquis qui est affecté dès le commencement aux ducs de Lorraine avant que le duché fut héréditaire dans leur famille dérive du mot *marcha* (marche, limite, frontière).

On donnait ce titre à un prince dont les possessions se trouvaient situées entre deux Etats souverains et qui tient des terres qu'on appelle *marchissantes* (1).

On sait quel rang illustre occupèrent en France les princes de la maison de Lorraine, et quel rôle important ils y jouèrent aux xve, xvie et xviie siècles.

Jean de Lorraine, qui fut élu abbé de Fécamp, en 1523, par les religieux, à la demande du roi François Ier, était fils de Réné, roi de Jérusalem et de Sicile, duc de Lorraine et de Calabre, et de Philippe de Gueldre qui, depuis, fut religieux à Pont-à-Mousson.

Il naquit à Bar, le 4 avril 1498.

---

(1) Lachesnaye des Bois. Dictionnaire généalogique.

En 1502, il fut fait coadjuteur de son frère à l'évêché de Metz.

En 1517, il fut évêque de Toul.

En 1518, évêque de Ravennes, et la même année, dans un consistoire tenu le 28 mai, il fut créé cardinal par le pape Léon X.

En 1520, il fut évêque de Narbonne; en 1523, évêque de Luçon; en 1524, évêque de Valence; en 1533, archevêque de Reims et de Lyon, et en 1535, évêque d'Alby.

Outre son abbaye de Fécamp, il fut encore abbé des abbayes de Marmoutiers, de Cluny et de Saint-Ouen de Rouen.

Il fit fondre plusieurs cloches pour l'abbaye et on lui doit des ordonnances importantes qu'il rédigea pour la conservation des biens et priviléges de l'abbaye de Fécamp.

Une attaque d'apoplexie frappa mortellement cet abbé, en 1550, alors qu'il était à Nevers; son corps fut porté à Nancy et inhumé dans l'église des cordeliers.

XXXIV. Charles de Lorraine

Charles de Lorraine, neveu du cardinal Jean, était fils de Claude de Lorraine, premier duc de Guise, et d'Antoinette de Bourbon, fille du comte de Vendôme.

Il était né le 17 février 1519 ; il commença par être archevêque de Reims et, en cette qualité, sacra trois rois de France : Henri II, François II et Charles IX.

Il fut créé cardinal par le pape Paul III.

La *Chronique de Fécamp* fait de lui un pompeux éloge : « C'était un prélat d'une prudence consommée, très-éloquent et plein de zèle pour l'ancienne foi, qu'il défendit de tout son pouvoir. Il fut d'un grand exemple, chantant au chœur avec les chanoines, servant lui-même les pauvres, prêchant dans les églises, faisant faire à sa table la lecture des saintes écritures, jeûnant tous les vendredis de l'année, faisant les ordres, visitant son diocèse par lui-même, fondant des séminaires et des académies. En un mot, Charles était puissant en œuvres et en paroles. »

Ceci rend assez singulière la version d'un moine de Fécamp, qui prétend que l'abbé fit réunir par son représentant à l'abbaye, une quantité de reliques précieuses, deux grands flambeaux, deux croix, une coupe couverte, une crosse, un bénitier et son aspersoir et une navette en argent, puis ordonna de tout transporter à Paris pour le remettre à son bijoutier, qui fondit ces riches dépouilles dont le poids s'éleva à 210 marcs 6 onces.

Il est vrai que le narrateur ajoute que l'argent

provenant de cette vente servit à acquitter la taxe faite par le clergé sur l'abbaye de Fécamp. Donc, malgré l'indignation que témoigne le bon moine à propos de ce fait, il faut en conclure que l'abbaye était dans l'impossibilité d'acquitter la taxe réclamée et que le cardinal ne pouvant, ou ne voulant en faire l'avance à une époque de désastres publics, où toute la Normandie était en guerre civile, il préféra réaliser la valeur de quelques-uns des objets précieux qui ornaient l'abbaye et acquitter ses dettes avec le produit. D'ailleurs, l'inventaire qu'il fit faire de tous ces objets, montre suffisamment qu'il ne disposa que d'une faible partie et qu'il en resta encore de quoi pleinement suffire à la constitution d'un véritable trésor de reliques et de curiosités artistiques religieuses.

Nous n'avons pas à juger ici la part de complicité morale que certains historiens attribuent au cardinal dans les massacres de la Saint-Barthélemi; son caractère élevé et ses sentiments de vraie piété semblent devoir le disculper de cette accusation; ce qui demeure certain, c'est que ce fut un homme d'une intelligence supérieure, qui, par son mérite et une volonté persévérante, était parvenu à se mettre à la tête du clergé français et, secondé par lui, à opposer une digue sérieuse aux ennemis de la religion ligués contre l'église, dont ils rêvaient surtout la spoliation des biens.

La mort de ce grand abbé arriva le 26 octobre 1574, et ses derniers moments furent des plus édifiants ; il fut visité pendant la maladie qui les précéda par le roi, la reine, les princes et les principaux seigneurs de la Cour et il montra une telle résolution, un tel détachement de la vie, que tous ceux qui furent témoins des sentiments pieux qu'il manifesta, témoignèrent hautement de leur admiration pour la foi vive qui les inspirait.

XXXV. Louis de Lorraine

Louis de Lorraine était fils de François, duc de Guise, et de Anne d'Est, et se trouvait petit-neveu du défunt abbé Charles de Lorraine auquel il succéda dans son archevêché de Reims, ainsi que dans son abbaye de Fécamp, dont le roi Henri III lui fit don, aussitôt la mort du cardinal.

Il fut premier pair de France, prêtre, cardinal et légat du pape à Avignon ; on érigea sous sa protection, dans le monastère de Fécamp, la confrérie du précieux Sang, mais ce fut à peu près tout ce que Fécamp eut de son nouvel abbé, qui s'occupa infiniment plus de politique que de religion ; il fut nommé lieutenant général de la Ligue, concurremment avec le duc de Lorraine.

Henri III se défiant des projets ambitieux du cardinal, le fit assassiner à Blois, le 24 décembre 1588.

XXXVI. Louis II de Lorraine

La mort violente du cardinal affecta péniblement les moines de l'abbaye, qui tenaient beaucoup à la maison de Lorraine, et ils s'empressèrent de témoigner de l'affliction dans laquelle les plongeait cet événement, en écrivant des lettres de condoléance à M. le duc du Maine, à M. de Nemours et à Madame de Guise la mère; mais Henri III s'était hâté de donner l'abbaye de Fécamp au gouverneur de la ville de Dieppe, Aymard de Chastres ou de Chattes.

Toutefois, sur la demande des Guise, le pape nomma Louis de Lorraine, 2° du nom, abbé commendataire, en remplacement de son oncle le cardinal.

La bulle d'investiture porta qu'en raison de la difficulté des chemins et du peu de sûreté qu'il y avait à se transporter sur les lieux, « la possession de l'abbatiat pouvait se prendre dans une chapelle de l'église métropolitaine de Reims ou dans toute autre église cathédrale de France. »

Le parlement de Caen refusa de reconnaître le nouvel abbé et Aymard de Chastres fut envoyé en possession.

De son côté, Louis de Lorraine, fort de l'appui du saint-père, réclamait ses droits à l'abbaye;

bientôt un accord intervint entre les deux abbés, qui en partagèrent les revenus jusqu'à la mort de Louis de Lorraine ; elle arriva en 1601.

XXXVII. Aymard de Chastres, *aliàs* de Chattes

Aymard de Chastres ou de Chattes, commandeur de l'ordre de Malte, conseiller du roi, lieutenant général du pays de Caux, vice-amiral de France et abbé commendataire de Fécamp par grâce royale, ne survécut pas longtemps à son compétiteur, Louis de Lorraine. Après la mort de celui-ci, il prit le titre de procureur général de l'abbé de Joyeuse, qui fut élu à la place de Louis de Lorraine, et il mourut en 1603.

XXXVIII. François de Joyeuse

François de Joyeuse était fils de Guillaume de Joyeuse, maréchal de France, gouverneur pour le roi en Languedoc, et de Marie Batarney, de la maison des comtes du Boschage.

En 1581, il fut fait archevêque de Narbonne.

En 1583, il fut créé cardinal prêtre du titre des saints Silvestre et Martin, puis évêque d'Ostie et doyen du sacré collége. Il reçut le collier de l'ordre du Saint-Esprit, fut fait cardinal protecteur de France, et ensuite archevêque de Toulouse, où il tint un concile provincial, afin de pourvoir aux nécessités de l'église.

En 1604, il fut nommé par le roi à l'archevêché de Rouen qui lui donna en outre les abbayes de Marmoutiers, du mont Saint-Michel, de la Grâce, de Saint-Florent, d'Aurillac, et enfin celle de Fécamp, dont il prit possession le 7 octobre.

En 1607, un chapitre général de la congrégation royale de saint Denis fut tenu en l'abbaye de saint Denis, et l'abbé y assista, ainsi que son grand prieur, dom Charles de Campion, et deux officiers de l'abbaye, dom Pierre Gestat et dom Pierre Carel.

En 1610, François de Joyeuse eut l'honneur de couronner dans cette même abbaye de Fécamp Marie de Médicis, de donner la confirmation à Louis XIII et de le sacrer à Reims, le 17 octobre.

En 1614, il présida l'Assemblée du clergé et peu de temps après résigna tous ses bénéfices, à l'exception des abbayes de Fécamp et de Marmoutiers.

Envoyé auprès du pape à l'effet d'arranger les affaires religieuses qui donnaient toujours beaucoup de soucis au roi de France, il rendit de grands services à ce dernier pendant son ambassade et mourut à Avignon, le 23 août 1615.

Sa dépouille mortelle fut ramenée à Pontoise

au couvent des PP. jésuites dont il était le fondateur.

XXXIX. Henri de Lorraine

Ce fut encore un membre de la maison de Lorraine, Henri, âgé seulement de trois ans, qui fut nommé abbé de Fécamp en même temps qu'archevêque de Reims; il était fils de Charles de Lorraine, duc de Guise et de Henriette-Catherine, duchesse de Joyeuse.

Le pape Grégoire XIII lui envoya un indulte qui lui permettait de posséder des bénéfices, malgré son jeune âge.

Il eut pour représentant dans le monastère, Charles Robé, comte et chanoine de Lyon; toutefois, ce fut le cardinal de Bérulle, supérieur de l'oratoire, qui fut désigné par le pape pour administrer les religieux, pendant la minorité de l'abbé, bien que, de fait, la duchesse, mère de celui-ci, se chargeât de ce soin.

Devenu majeur, Henri de Lorraine ne s'occupa guère davantage de son abbaye, et en 1640, on le vit renoncer volontairement à tous ses bénéfices pour entrer dans le monde; il se retira à Sédan avec le comte de Soissons, dont il soutint la politique contre la cour de France, ce qui obligea le roi à lui faire son procès; mais à la suite d'une condamnation par contumace, il fit sa soumission, sans toutefois renoncer aux intrigues politiques pour lesquelles il paraissait avoir une aptitude toute particulière.

Ce fut ainsi, qu'en 1644, il accompagna le duc d'Orléans au siége de Gravelines, puis il se rendit à Naples, pour se mettre à la tête des rebelles qui le voulaient pour roi.

L'année suivante, il fut fait prisonnier par les Espagnols et conduit au château de Ségovie, où il resta sept années.

En 1652, il fut mis en liberté, et on le vit, quatre ans plus tard, entrer à Paris, en compagnie de la reine de Suède.

Sa carrière aventureuse se termina le 2 juin 1664, où il mourut à la suite d'une longue et douloureuse maladie.

Ses contemporains lui accordèrent beaucoup d'esprit et de courage, mais ces qualités brillantes ne pouvaient lui être d'une grande utilité dans l'exercice de ses fonctions d'abbé, et il fit sagement de les résigner et de laisser à un autre le soin de s'occuper des intérêts de l'abbaye de Fécamp, qui se trouvaient considérablement négligés.

XL. Henri de Bourbon, duc de Verneuil

Henri de Bourbon, fils naturel de Henri IV, fut appelé au gouvernement de l'abbaye aussitôt que le duc de Guise s'en démit, et les premières années de son abbatiat montrèrent qu'il entendait s'occuper sérieusement de la prospérité de la communauté.

En 1653, il obtint du roi Louis XIV la confirmation des priviléges de l'abbaye et ne négligea aucune occasion de se montrer dévoué aux moines pour lesquels, dit un vieil historien, « il était plein d'affection. »

En 1648, il fonda à Fécamp un couvent pour les filles Annonciades, mais l'acte le plus important de son abbatiat fut l'introduction de la réforme dans le monastère, par l'intronisation des religieux de la congrégation de saint Maur.

Ce n'était pas chose facile que l'introduction d'une communauté étrangère dans l'abbaye; déjà la duchesse de Guise, au nom de son fils, avait tenté cette délicate opération, en s'adressant au R. P. Anselme Rollet, un des premiers pères de la congrégation de saint Maur, pour le prier d'établir dans l'abbaye de Fécamp une réforme devenue indispensable, mais elle était sans droit pour l'imposer; son fils était trop jeune pour seconder ses desseins, et le prieur n'était guère disposé à favoriser une réforme dont l'application était loin de plaire à la majorité des religieux, habitués depuis longtemps à vivre tout à fait en dehors de la règle que les troubles des temps avaient singulièrement fait tomber en désuétude.

Il fallut que le duc de Bourbon fut, non-seulement animé du vif désir de faire triompher son idée réformatrice, mais encore qu'il se sentît assez d'autorité pour être sûr d'être obéi par les moines.

La première condition était dans l'accord qu'il fallait tout d'abord assurer entre les anciens et les nouveaux religieux. Un concordat, dont il avait préalablement pesé et étudié tous les articles, fut présenté par lui à sa communauté qui l'accepta. Aux termes de cet acte, l'abbé cédait à ses religieux « les terres, seigneuries et baronnies de Heudebouville, de Fontaine-le-Bourg, de Saint-Gervais-lès-Rouen, du Jardin-sur-Dieppe, d'Argences, de Queletrou, d'Hennequeville et d'Aizier », puis un clos près de Vernon, et le droit de pêches dans les rivières de Fécamp et de Paluel.

En échange de cette cession, les moines prenaient l'engagement d'acquitter les charges de la communauté, sauf la réserve de quelques obligations peu importantes ; de son côté, la mense conventuelle se reconnaissait tenue de pourvoir à toutes les dépenses spécifiées en nature.

Lorsque tout fut réglé de part et d'autre, on vit les religieux de saint Maur prendre possession de l'abbaye, le 31 décembre 1649, « aux acclamations et bénédictions des gens de bien. »

« On vit bientôt cette fameuse abbaye changer de face et reprendre cette première splendeur qu'elle s'était acquise pendant plusieurs siècles, par son exacte observance et par les grands hommes qu'elle a donnés à l'église et à l'ordre de saint Benoît. »

Satisfait d'avoir réalisé son désir le plus cher, l'abbé de Verneuil comprit que sa mission était désormais terminée, et il prit la singulière résolution de résilier tous ses bénéfices ecclésiastiques et de se marier, selon que le rapporte l'auteur du *Trésor de Fécamp*, qui s'exprime ainsi :

« Enfin, ce bon abbé, âgé de 67 ans, quitta l'habit ecclésiastique pour se marier, n'étant pas engagé dans les ordres sacrés ; il épousa la veuve de feu le duc de Sully, avec laquelle il vécut quatorze ans, ayant, par dispense de Rome, retenu de grosses pensions sur les abbayes qu'il était obligé de quitter. Il jouit de ces pensions jusqu'au commencement de l'année 1682, qu'il alla rendre compte à Dieu de l'administration des biens de l'église. »

L'auteur de la *Chronique des abbés de Fécamp* se tait sur cette union tardive et termine ainsi la notice qu'il consacre à cet abbé : « En 1668, Henri de Bourbon quitta l'abbaye et la remit entre les mains de Sa Majesté, qui y nomma Jean Casimir, roi de Pologne. »

Quoi qu'il en soit, l'abbé de Bourbon, bien et dûment marié, fut après sa mort enterré dans l'abbaye royale de saint Denis.

XLI. Jean Casimir, roi de Pologne

Une tête couronnée pour abbé, l'abbaye ne pouvait prétendre à plus grand honneur ; aussi se montra-t-elle sensible à cette illustration que lui imposait la volonté de Louis XIV; car ce fut le grand roi qui, pour donner au roi Jean Casimir, qui avait quitté ses états pour se retirer à la cour de France, le moyen de subsister d'une façon convenable à son rang, l'avait nommé aux abbayes de Fécamp et de Saint-Germain-des-Prés.

Jean Casimir était fils de Sigismond III et de Constance d'Autriche. Elu roi de Pologne après la mort de son frère Ladislas IV, survenue le 29 mai 1648, ce prince, qui avait la vocation ecclésiastique, avait passé deux ans chez les révérends pères Jésuites, à Rome, où le pape Innocent X lui avait donné le chapeau de cardinal ; mais on avait invoqué auprès de lui la raison d'état, et il s'était décidé, avec dispense de l'église, à épouser Louise-Marie Gonzague, veuve du feu roi son frère, dont il eut une fille, et à monter sur le trône.

Il gouverna sagement, chassa de ses états le roi de Suède Charles-Gustave-Adolphe, qui les avait envahis à la tête d'une puissante armée, en 1655, et en 1661, il avait défait les Moscovites en Lithuanie.

La mort de la reine sa femme, qui arriva le 10 mars 1667, lui causa une profonde douleur, et, dégoûté des soins du trône, il abdiqua et vint en France où, appelé à l'abbaye de Fécamp, il alla en prendre possession le 2 août 1669.

Animé d'un grand zèle religieux, ce prince passait une grande partie de son temps en exercices de dévotion.

En 1672, il était allé prendre, pour raison de santé, les eaux de Bourbon, lorsque pendant son retour il tomba malade à Nevers où il mourut le 14 décembre.

Son corps fut transporté à Varsovie et son cœur déposé dans l'église de Saint-Germain-des-Prés ; quelques historiens prétendent que sa dépouille mortelle fut portée au couvent des pères Jésuites de Nevers, mais ce ne fut qu'à titre provisoire, et sa translation en Pologne eut lieu peu après.

XLII. Louis-Antoine de Neubourg

Louis-Antoine de Neubourg, prince de Neubourg, né en 1660, était fils de Guillaume de Neubourg et de Léonor de Gonzague, sœur de l'empereur Léopold ; il était électeur palatin et grand maître de l'ordre teutonique, lorsqu'il fut placé à la tête du monastère de Fécamp en 1672.

Cet abbé eut pu, sans grand inconvénient, ne pas figurer sur la liste des titulaires de l'abbaye, car pendant tout le temps que dura son abbatiat, c'est-à-dire de 1672 à 1694, il ne parut pas à Fécamp, et se contenta de jouir de son bénéfice, sans jamais en prendre possession.

En 1691, il fut nommé co-adjuteur de l'évêque de Mayence.

Au commencement de l'année 1694, l'évêché de Liége étant devenu vacant, il se mit sur les rangs pour l'obtenir.

Il se trouvait en compétition avec le prince Clément de Bavière, et lorsqu'il s'agit d'aller aux voix, il n'en obtint que 22, tandis que son concurrent, plus heureux, en eut 24 qui l'élirent.

Il supporta mal sa défaite, et pendant le repas qu'il offrit, selon l'usage, à ses partisans, il but tellement pour se maintenir en belle humeur et affecter une indifférence qu'il était loin d'éprouver, qu'il fut attaqué d'une fièvre maligne dont il mourut le 4 mars 1694, peu regretté des religieux qui ne le connaissaient que de nom et auxquels il était demeuré complétement étranger.

XLIII. De Neuville de Villeroy

François-Paul de Neuville, marquis de Neuville de Villeroy, était fils de François de Neuville, duc de Villeroy, maréchal de France, capitaine des gardes du corps, chevalier des ordres, marquis d'Arlincourt, seigneur de Maigny et de la Forêt Taunur, gouverneur de Lyon et du Lyonnais, du Forez et du Beaujolais, et de Marguerite de Cossé, sœur du duc de Brissac.

Sa famille était une des plus considérables de la noblesse française. Nicolas de Neuville, premier du nom, avait été audiencier de la chancellerie ; Nicolas de Neuville II, seigneur de Villeroy, d'Arlincourt, etc., sortant des finances du roi, en 1539, avait pris le nom et les armes des Le Gendre pour satisfaire au testament de Pierre Le Gendre, chevalier, seigneur de Villeroy, son grand-oncle maternel.

Les baronnies de Vinci, de Montanci et de Lignière, la terre d'Ombreval et fiefs de Montjolli, furent unis et érigés en marquisat, sous le nom de Neuville, en faveur de Camille de Neuville, archevêque de Lyon, par lettres du mois de juillet 1666.

Ce fut le jour de Pâques 1698, que le roi nomma Paul de Neuville à l'abbatiat de Fécamp.

Il s'occupa de constructions et d'améliorations importantes pour son église ; c'est à lui qu'on est redevable des anciens lambris du chœur qui ornent aujourd'hui la chapelle de la Vierge et le nouveau portail dont il faut le louer pour l'intention, mais non pour l'exécution.

L'abbé obtint par son crédit, du roi régnant, en 1705, des lettres patentes de réunion du revenu du prieuré de sainte Anne et de saint Antoine de Fécamp à l'hôpital dudit lieu, en faveur des pauvres malades.

Il fut nommé à l'archevêché de Lyon en 1715, et mourut en cette ville en 1731.

François-Paul de Neuville de Villeroy, selon la *Chronique des abbés*, ne fut pas moins recommandable par sa piété, sa douceur et son érudition, qu'illustre par sa naissance. « A peine fut-il reçu docteur en Sorbonne et revêtu du sacerdoce, qu'il embrassa avec une dévotion édifiante, que son zèle pour le salut des âmes le porta à faire des missions dans le diocèse de Poitiers, dont il fut grand vicaire, à faire des catéchismes et édifier le peuple par sa grande piété, par sa prudence et par ses grandes aumônes. »

Ajoutons que ce fut l'abbé de Neuville qui voulut que la cérémonie religieuse du précieux Sang fût célébrée dans toutes les églises placées sous la juridiction de l'abbaye.

XLIV. De Montboissier de Canillac

La maison de Montboissier doit son nom à une ancienne baronnie d'Auvergne, qui était possédée par Hugues Maurice, seigneur de Montboissier, surnommé le décousu, et qui fonda, en 966, la riche abbaye de saint Michel de la Cluse en Piémont.

Claude-François de Montboissier de Canillac était fils de Gaspard de Beaufort-Canillac-Montboissier, seigneur de la Roche-Canillac et de Chassaigne, vicomte de la Roche-Canillac, Saint-Quentin, etc., et de Louise Motiers de Champetiers.

Il était né à Brioude en Auvergne, le 17 octobre 1693; il fut reçu d'abord chanoine, comte de Brioude le 3 août 1712; chanoine, comte de Lyon le 27 avril 1716; il fut nommé à l'abbaye de Barleaux au diocèse de Sens, le 8 janvier 1721; auditeur de Rote en juillet 1733; reçu à Rome le 1er mars 1735; abbé de Montmajour la même année, de Cercamp, à la place de Barleaux, en avril 1739, et de Fécamp en 1731, et non en 1745, comme le prétendent les généalogistes du dernier siècle.

Prélat, commandeur de l'ordre du Saint-Esprit, le 2 février 1753, il fut reçu le 10 juin suivant.

Son abbatiat à Fécamp laissa peu de traces. On ne le voit figurer dans les annales du monastère que pour faire obtenir à l'un de ses parents, le marquis de Canillac, le gouvernement de la ville et des forts de Fécamp.

Il mourut à Paris en 1761.

XLV. Antoine de la Roche-Aymon

Claude-Antoine de la Roche-Aymon était fils de Bertrand-Nicolas de la Roche-Aymon, mort en 1716, et de Geneviève Baudry de Riencourt, tante de la dame de Valence, abbesse de Fontevrault.

Né en 1687, il fut d'abord suffragant de l'évêque de Limoges, puis sacré évêque titulaire de Sarepte en Phénicie, le 5 août 1725.

En janvier 1729, il fut nommé évêque de Tarbes, archevêque de Toulouse en janvier 1740, et de Narbonne en 1752, grand aumônier de France et pair, commandeur de l'ordre du Saint-Esprit, il fut nommé abbé commendataire de Fécamp en 1761.

A l'exemple de plusieurs de ses prédécesseurs, cet abbé, qui résidait à Paris, s'occupait peu des affaires de l'abbaye, qui étaient traitées en son nom par son receveur, Marin Gruchet, spécialement chargé de lui expédier les produits de la mense, au fur et à mesure de leur rentrée.

Aucun fait particulier remarquable ne signala l'abbatiat de la Roche-Aymon, qui mourut à Paris en 1777 et y fut inhumé (1).

XLVI. Dominique de la Rochefoucauld

Dominique de la Rochefoucauld, cardinal-archevêque d'Alby, puis de Rouen, abbé commendataire de Cluny, pair de France et commandeur de l'ordre du Saint-Esprit, appartenait à cette grande maison de la Rochefoucauld qui descend d'un cadet des sires de Lusignan, et qui a pour auteur Foucauld, premier du nom, né vers 980, et qui était frère de Guillaume de Parthenay et, par conséquent, petit-fils de Hugues de Lusignan.

Les descendants de Foucauld, premiers vassaux du comte d'Angoumois, jouèrent un rôle important dans la guerre de la Guyenne, du XIe au XVe siècle.

François de la Rochefoucauld tint sur les fonds, en 1494, le roi François Ier, et en mémoire de cet honneur, tous les fils aînés de sa maison portèrent le nom de François.

Cette maison, une des plus honorées de France,

---

(1) Un magnifique portrait de cet abbé existe au musée-Legrand aîné, de Fécamp.

a donné des guerriers distingués, d'illustres prélats et des magistrats éminents.

Dominique de la Rochefoucauld, né dans le diocèse de Mende, en 1713, avait été sacré archevêque d'Alby, le 29 juin 1747, archevêque de Rouen, en 1759; il avait été promu au cardinalat en 1778, peu de temps après sa nomination comme abbé de Fécamp.

C'était un personnage de haut mérite; charitable et bon, il a laissé un excellent souvenir de sa bienfaisance en dépensant une grande partie des revenus de son abbaye pour soulager les indigents de Fécamp et des localités voisines.

Ce vénérable prélat fut élu par le clergé pour présider les assemblées de 1780 et 1782, et lorsqu'ensuite il vint à Fécamp, il y fut reçu avec enthousiasme par la population et les compagnies bourgeoises, qui étaient allées à sa rencontre au bruit des cloches et de l'artillerie des remparts.

Ces sentiments d'affection durèrent peu ; les républicains avaient un but : la suppression et le pillage de l'abbaye, et on sait qu'ils ne s'arrêtaient guère dans leur œuvre de destruction ni devant les droits acquis, ni devant les vertus, et cependant, quand il s'agit de consommer ce crime abominable, la municipalité de Fécamp envoya une pétition à l'Assemblée nationale, pour réclamer un bailliage dans ses murs, et on peut y lire ces phrases arrachées à sa conscience :

« Si la suppression de l'abbaye de bénédictins de Fécamp a lieu, cette ville verra diminuer infiniment ses ressources. Il y existe beaucoup de pauvres secourus par l'aumône journalière et publique des religieux de cette abbaye ; dans les dernières calamités, leur chef a même tellement augmenté les aumônes en pain et habillements et employé tant de soin au soulagement des familles malheureuses, que la ville de Fécamp ne s'est point heureusement ressentie des troubles qui ont affligé les autres endroits. »

Mais, quoi que fasse l'abbé, malgré les preuves de patriotisme éclairé qu'il ne cessa de donner, malgré tout le bien qu'il fit autour de lui, il dut comprendre que les révolutionnaires avaient déclaré une guerre implacable à tout ce qui était noblesse et religion, et il s'inclina devant la volonté de Dieu, qui permettait qu'une nation en délire se ruât sur tout ce qui est digne de respect, détruisît en quelques mois un édifice péniblement élevé pendant des siècles, et plongeât la patrie dans un abîme de révolutions qui ne devait plus se refermer.

Il quitta Fécamp et mourut à Munster le 25 septembre 1800, à l'âge de 87 ans.

Avec lui s'éteignit le dernier des abbés de l'abbaye de la Sainte-Trinité de Fécamp.

CARTULAIRE DE L'ABBAYE DE FÉCAMP

Cabinet des titres de la Bibliothèque nationale

(FONDS MOREAU)

1017 25 déc.   Bref du pape Benoît VIII adressé à Richard II, duc de Normandie, par lequel le pape, pour consoler ce prince du refus qu'il lui faisait de ce qu'il lui avait demandé, le prend sous sa protection, l'autorise à prendre la qualité de duc de Normandie, et lui donne toutes sortes de bénédictions.

1028-1035.   Charte de Jean, abbé de Fécamp, contenant un accord fait entre lui et le nommé Gozelin, par lequel il lui cède une certaine terre pour en jouir sa vie durant, à la condition qu'après sa mort, elle rentrera dans le domaine de l'abbaye avec autant de terre que trois charrues en peuvent cultiver, prise sur le domaine propre dudit Gozelin.

1028-1035.   Charte de Robert-le-Magnifique,

duc de Normandie, portant qu'à sa demande les abbé et religieux de Fécamp ont accordé à Hugues, évêque de Bayeux, la jouissance de leur terre d'Argences pour sa vie durant seulement et à plusieurs autres conditions énoncées dans ladite charte.

1036. Charte de Canut-le-Grand, roi d'Angleterre, portant donation aux abbé et religieux de Fécamp, de deux terres qui leur avaient été promises par le roi Ethelrede, son prédécesseur.

Sans date. Charte de Jean, abbé de Fécamp, premier du nom, faisant foi qu'un particulier, nommé Wigrin et sa femme Adelize, ont offert et donné à l'abbaye de Fécamp un de leurs enfants avec la moitié de la terre de Boissy-Mauvoisin, au diocèse de Chartres, deux pêcheries dans la rivière de Seine auprès de Rosny, etc.

Sans date. Charte de Jean, abbé de Fécamp, par laquelle il donne à un prêtre, nommé Mainard, l'église de Saint-Léger de Fécamp, pour en jouir sa vie durant, et l'admet, lui et sa femme à la participation des prières et bonnes œuvres de la communauté, à condition qu'ils aideront de tout leur pouvoir à achever ladite église et que tout ce qu'ils auront de biens et de meubles à leur mort appartiendra aux religieux, sans que ni leurs enfants ni aucun de leurs parents puissent rien prétendre dans leur succession.

Sans date. Charte de Jean, abbé de Fécamp, Ier du nom, par laquelle, du consentement de la communauté et à la demande de la comtesse Mathilde, il donne au chapelain de ladite comtesse les églises, terres et dîmes d'Anneville-sur-Seine, pour en jouir sa vie durant seulement.

Sans date. Charte de Jean, abbé de Fécamp, Ier du nom, par laquelle, du consentement de la communauté, il donne à un particulier nommé Raoul et à sa femme, une terre appartenant à ladite abbaye, pour en jouir leur vie durant, à la condition qu'après leur mort, non-seulement ladite terre, mais encore tout l'héritage dudit Raoul rentrera dans le domaine de l'abbaye.

Sans date. Charte d'Ansfred, fils d'Osberne, par laquelle il confirme aux abbé et religieux de Fécamp, avant de partir pour la terre sainte, la donation qu'il leur avait déjà faite de ce qu'il possédait dans la paroisse d'Ourville-en-Caux, à condition que sa femme en jouirait sa vie durant.

Sans date. Accord entre Jean, abbé de Fécamp, Ier du nom, et les fils d'un prêtre nommé Gilduin, par lequel ledit abbé, du consentement de la communauté, donne auxdits fils dudit Gilduin plusieurs dîmes à titre de bénéfices, sous certaines réserves énoncées dans ledit accord.

Sans date. Charte de Yve, comte de Beaumont-sur-Oise, par laquelle il accorde aux abbé et religieux de Fécamp exemption de tous impôts et de tout droit de péage pour tout ce qu'ils feraient passer, soit en allant, soit en revenant, sur les terres dudit comté de Beaumont.

Sans date. Charte de Jean, abbé de Fécamp, Ier du nom, par laquelle, du consentement de la communauté, il donne à un particulier nommé Jean et à sa femme, une pêcherie au Pont-Audemer et un bois auprès de la ville de

Rouen, pour en jouir leur vie durant, à condition qu'après leur mort l'abbaye non-seulement rentrera en possession desdits biens, mais qu'elle héritera encore de la très-grande partie des biens desdites parties contractantes.

Sans date.	Charte par laquelle un particulier, sa femme et ses enfants donnent aux abbé et religieux de Fécamp les deux tiers des dîmes de deux paroisses et trente sous le jour de la mort dudit particulier.
Sans date.	Accord entre Rainaud, chambellan du roi de France et les abbé et religieux de Fécamp, par lequel ledit Rainaud renonce, pour lui et pour ses successeurs, à tous les droits qu'il pouvait prétendre sur la terre de Villers, moyennant quatorze onces d'or fin et 10 livres de deniers, monnaie de Senlis, qu'il reconnaît avoir reçus desdits abbé et religieux.
Sans date.	Accord passé entre Hugues, évêque d'Avranches et Jean, abbé de Fécamp, Ier du nom, par lequel ledit évêque d'Avranches reconnaît qu'il ne jouit des dîmes du village de Rie

que par la pure libéralité dudit abbé Jean et que, par la suite, ses successeurs n'y auront aucun droit et qu'ils ne pourront rien y prétendre.

Sans date. Charte de Guillaume le bâtard, duc de Normandie, contenant grand nombre de donations qu'il fait à l'abbaye de Fécamp.

Après 1035. Charte de Jean, abbé de Fécamp, Ier du nom, par laquelle, à l'instance de Guillaume le bâtard, duc de Normandie, il cède à Hugues, fils de Hugues le vicomte, pour sa vie seulement, la terre de Frungy, faisant partie des héritages qui avaient été délaissés à ladite abbaye de Fécamp par un seigneur particulier nommé Eudes.

8 mars 1057. Charte d'un seigneur particulier nommé Landri, par laquelle, du consentement de Guillaume le bâtard, duc de Normandie, il donne à l'abbaye de Fécamp la dîme de la terre d'Anneville-sur-Seine, avec les deux églises dudit lieu et plusieurs acres de terre tant en pré qu'en labour.

1065. Charte de Hugues, comte de Dompmartin, par laquelle il affranchit de tout impôt les navires de l'abbaye de Fécamp, à condition que l'on continuera dans ledit monastère, d'entretenir un pauvre, au nom dudit seigneur comte et de ses parents, ainsi qu'il se pratique depuis que Robert de France avait donné à la même abbaye la terre de Villers-saint-Paul.

De 1066 à 1087. Charte de Bernard de Neufmarché, par laquelle, en présence et du consentement de Guillaume le Conquérant, roi d'Angleterre et duc de Normandie, il donne à l'abbaye un moulin situé dans Ganzeville.

1071. Plusieurs titres concernant les donations faites à l'abbaye de la Sainte-Trinité de Fécamp par une dame nommée Mariel et par sa fille nommée Gisle, des terres de Marchefieux, Morsalines et Amblie, situées dans le Cotentin et au diocèse de Bayeux, en Basse-Normandie.

1080. Hubert, évêque de Térouane, confirme à l'abbaye de Fécamp la donation qui lui avait été faite par son prédécesseur, de l'église de saint Jean, proche les murs de Térouane.

Sans date. Charte de Hermor, seigneur de

Pontoise, par laquelle, du consentement de sa femme Hodierne et de sa fille Iste, il affranchit de tout impôt et de tout droit de péage les bateaux et navires de l'abbaye de Fécamp passant par ledit Pontoise.

Sans date. Charte d'Auvré et Anschitil, chevaliers, par laquelle ils donnent à l'abbaye, le premier 60 acres de terre et le second 40, dans la paroisse de Montaigu, avec défense à qui que ce soit de jamais les aliéner du domaine de ladite abbaye, sous peine d'excommunication.

Sans date. Charte de Hugues, fils de Rainaud le chambellan, par laquelle, du consentement de sa femme, il affranchit de tout impôt les navires de l'abbaye passant par sa terre, à condition que lui et un autre seigneur nommé Waleran auront part à tous les bienfaits et prières de ladite abbaye, et que les religieux entretiendront et nourriront deux pauvres.

1102. Accord fait entre Guillaume, archevêque de Rouen et les abbé et religieux de Fécamp, portant que l'église d'Ourville-en-Caux, destinée à l'entretien des jeunes clercs étudiants dans ladite abbaye, rentrera dans tous les droits et priviléges d'exemption énoncés dans ledit accord et dont elle jouissait anciennement.

1106 7 nov. Jugement rendu contradictoirement par Henri Ier, roi d'Angleterre et duc de Normandie, en présence de l'archevêque de Rouen et de plusieurs évêques, abbés et barons de la province, en faveur de l'abbaye de Fécamp, contre les prétentions de celle de saint Taurin d'Evreux, qui voulait se soustraire à la dépendance dans laquelle elle était de ladite abbaye de Fécamp.

1112 15 déc. Accord fait entre Robert, comte de Meulent et les abbé et religieux de Fécamp, touchant les terres que la rivière de Seine laisse ou emporte devant Aysier, par lequel il est dit que les terres et ladite rivière seront communes et partagées par moitié entre lesdits comte et religieux.

1128. Don fait à l'abbaye de Fécamp par Gosselin de Criel, de ses terres de

Neuvillette, de Beville et de Pauly et confirmé par Jean, comte d'Eu.

1128. Accord fait entre Henri Ier, roi d'Angleterre et le comte d'Eu d'une part, et l'abbé de Fécamp d'autre part, au sujet de certains droits que les uns et les autres revendiquaient dans le port de Vinchesenel, en Angleterre.

1140. Guillaume de Braieuse confirme à l'abbaye de Fécamp les droits et exemptions dont elle jouissait dans toute l'étendue de ses biens en Angleterre, du vivant de son père Philippe.

1140. Thibaut, archevêque de Cantorbéry, légat du saint-siége, défend à l'abbé de Fécamp d'aliéner les biens de cette abbaye, et lui enjoint de faire rentrer ceux qu'il avait déjà aliénés mal à propos.

1140. Accord fait entre l'abbé de Fécamp et un particulier d'Angleterre.

Sans date. Henri de Sully, abbé de Fécamp, fait remise aux habitants de Rie, en Angleterre, de différents droits qu'ils lui devaient.

1154. Passeport donné par Henri II, roi

	d'Angleterre, à tous ceux qui voudraient venir à la foire de Fécamp.
1154.	Henri II, roi d'Angleterre, prend l'abbaye de Fécamp sous sa protection et tout ce qui lui appartient.
1154.	Henri II, roi d'Angleterre, prend l'abbaye de Fécamp et tous ses biens sous sa protection.
1154.	Henri II, roi d'Angleterre et duc de Normandie, confirme l'accord fait entre l'abbé de Fécamp et Simon de Tournebu.
1154.	Passeport donné par Henri II, roi d'Angleterre, duc de Normandie et d'Aquitaine, à tous ceux qui voudront venir à Fécamp pour honorer la mémoire du feu comte Richard.
1157.	Henri II, roi d'Angleterre, confirme à l'abbaye de Fécamp tous les biens, priviléges et droits dont elle jouissait en Angleterre.
1158.	Charte par laquelle les abbé et religieux de Fécamp cèdent à Mathieu de Graville la moitié des salines qu'ils possédaient aux environs d'Harfleur.
1164.	Accord fait entre Jean de Tresgos et l'abbaye de Fécamp.
1164.	Accord fait entre les religieux de

Fécamp et Jean de Tresgos, à l'occasion de certains droits que lesdits religieux réclamaient en Angleterre.

1189 11 mai. Henri, roi d'Angleterre, accorde à l'abbaye le droit de garenne.

1189-90. Donation de la terre du Mesnil-Terrie faite à l'abbaye par Raoul Cantelou.

1189. Bail à vie de 2 moulins sis à Rie, en Angleterre.

1189. L'abbaye de Fécamp cède à l'hôpital de saint Barthélemy de Rie, en Angleterre, les maisons, chapelles, terres et dépendances d'un hôpital, moyennant deux sols sterlings de rente par an.

1198. Accord fait entre l'abbé de Fécamp et le seigneur de Ganzeville, au sujet du droit d'usage que les vassaux dudit seigneur de Ganzeville avaient dans les bois de l'abbaye de Fécamp.

27 juill. 1199. Jean sans Terre, roi d'Angleterre, duc de Normandie, prend l'abbaye de Fécamp et tous ses biens sous sa protection.

12... Lettre de Philippe-Auguste à propos d'un accord avec l'abbé de Fécamp, pour des terres situées à

Boissy-Mauvoisin, à deux lieues de Mantes.

1207. Donation par Vaultier de Saint-Martin à l'abbaye de Fécamp, de la terre qu'il avait à Vifreville, avec les hommes et services qui lui étaient dus.

1217. Donation faite à l'abbaye de Fécamp et à la chapelle de saint Remy de la forêt d'Eavi, par Raoul Mallet, de deux masures sises à Neufchâtel, en 1217.

1221. Cession par les hospitaliers de Jérusalem à l'abbaye de Fécamp, de tous les tènements qu'ils avaient dans le port de Winchelsey, en Angleterre, à la charge de quelques redevances en argent.

1231. Sentence arbitrale rendue l'an 1231 par les évêque, archidiacre et official de Londres, par laquelle les chanoines de Staninges, dépendant de l'abbaye de Fécamp, sont déclarés exempts de la juridiction de l'évêque de Chicester, en Angleterre.

1246 15 mai. Henri III, roi d'Angleterre, donne à l'abbaye de Fécamp, en échange des ports de Winchelsey et Rye, le manoir de Chilteham et autres lieux.

1257 Juillet. Fondation d'un ermitage dans la paroisse de Colleville, aux environs de Fécamp.

1268 14 fév. Donation de la dîme, du marché et de la foire de Goderville, faite en 1268 à l'abbaye de Fécamp par Godart des Vallées, seigneur de Goderville.

1268 20 mars. Henri III, roi d'Angleterre, confirme à l'abbaye de Fécamp l'église de saint André de Staninges, en Angleterre, qui lui avait donnée par le souverain pontife.

1287 8 mars. Charte du roi Philippe le Bel, de l'an 1287, concernant l'acquisition d'une maison sise à Paris.

1293 28 août. Edouard Ier, roi d'Angleterre, permet à l'abbaye de Fécamp d'aliéner la terre de Navemby en faveur de l'église collégiale de Notre-Dame de Lincoln en Angleterre.

1301 20 sept. Accord fait entre les abbés de Fécamp en Normandie et de Heyles en Angleterre, pour raison de quelques droits que l'un et l'autre prétendent leur appartenir à Mecherenville en Angleterre.

1326 7 mars. Procuration du chapitre de Fécamp pour vendre des bois et affermer les biens que l'abbaye de Fécamp possédait en Angleterre.

1353 22 déc. Certificat attestant que l'agent et procureur de Fécamp n'avait pu comparaître aux assises de Caudebec, à cause de la grande quantité de neige qui était sur terre en 1353.

1366 30 sept. Entreprise de Charles le Mauvais, roi de Navarre, sur les droits de l'abbaye de Fécamp.

1367 11 mai. Copie de deux lettres par lesquelles l'abbé de Fécamp autorise un de ses religieux à gérer ses biens d'Angleterre.

1368 26 sept. Permission accordée à l'abbé de Fécamp de faire venir d'Angleterre une certaine quantité de sel pour l'usage de son abbaye.

1373 3 févr. Mandement adressé par Charles V, au bailli de Rouen, à l'effet de faire délivrer aux religieux de Fécamp, six de leurs hommes ou vassaux d'Aysier, mis en prison par les officiers du roi de Navarre, prétendant, lesdits religieux, que leurs vassaux ne sont point obligés de payer les subsides que levaient les officiers sur plusieurs lieux et héritages.

1377 15 mars. Charles V, roi de France atteste qu'il a vu une charte d'Henri II, roi d'Angleterre, par laquelle ce prince, vers l'an 1160, confirme à l'abbaye de Fécamp ses droits et priviléges tant en Angleterre qu'en Normandie.

1383 8 juin. Permission accordée par Charles VI, roi de France, à deux religieux de Fécamp et à quelques séculiers de passer en Angleterre, en faisant serment qu'ils n'y commettront rien contre son service.

1398 déc. Procuration de l'abbé et des religieux de l'abbaye de Fécamp pour aller en Angleterre faire payer les fermiers de ladite abbaye.

1436 6 nov. Prise de l'abbaye de Fécamp par les Anglais, contribution à elle imposée dans cette occasion ; paiement de ladite somme.

Sans date. Lettre d'un comte de Varenne par laquelle il déclare prendre l'abbaye de Fécamp sous sa protection.

FIN

TABLE DES MATIÈRES

	pages
Introduction.	7
Armorial des abbés de Fécamp.	13
Armoiries de l'abbaye.	18
Armoiries du couvent.	19
Chapitre Ier. Les ordres religieux. — Les Bénédictins.—La règle de saint Benoît.	23
Des dignitaires de l'abbaye : L'Abbé.	36
Du Doyen.	46
Du Prieur.	47
Du Lecteur semainier.	48
Du Cellérier.	50
Du Portier de l'abbaye.	52
Des Semainiers de la cuisine.	53
De la charge d'annoncer l'heure des offices.	55
Vie journalière des moines.	55
De la réception des moines.	75

Chapitre II. Les commencements de l'abbaye. Les miracles. — Beau trait des religieuses. — La légende du précieux Sang. Arrivée des chanoines. — Leur mauvaise conduite. — Les Bénédictins les remplacent. — Protection que leur accordent les ducs de Normandie. — Ses abbés. — Prospérité de l'abbaye. — Ses biens en Angleterre. — Les guerres. Les moines soldats.—Azincourt.—L'occupation anglaise. — L'abbaye redevient

	pages
maîtresse d'elle-même. — Son dernier abbé régulier.	87
CHAPITRE III. Les Bénédictins aux prises avec les schismes. — Indiscipline à l'abbaye de Fécamp. — Les prieurs. — Les troubles politiques et religieux. — Compétition des deux abbés. — L'escalade de M. de Bois-Rosé. — La peste. — Rétablissement de la discipline. — Les Capucins à Fécamp. — La congrégation de saint Maur. — Un acte capitulaire. — Le droit de vicomté contesté. — Prétention de l'archevêque de Rouen. — Hommes illustres de la congrégation. — La révolution à Fécamp. — Pillage de l'abbaye. Les iconoclastes. — Les Bénédictins après la révolution.	147
CHAPITRE IV. — L'abbaye actuelle. — Coup d'œil sur l'ensemble de l'édifice. — Extérieur de l'église. — Son intérieur. — Le Tabernacle. — Les chapelles. — Le pas de l'Ange. — L'horloge. — Les tombeaux. — La sacristie. — La messe du précieux Sang.	175
Saintes Reliques de l'église de la Sainte-Trinité de Fécamp.	193
Liste chronologique des abbés.	197
Notice historique sur les abbés de Fécamp.	201
Cartulaire de l'abbaye de Fécamp.	277

FIN DE LA TABLE DES MATIÈRES

LIBRAIRIE ANCIENNE ET MODERNE

A. MARINIER

LIBRAIRE-ÉDITEUR, A FÉCAMP

OUVRAGES DE FONDS

VIE DE SAINT VANENG, confesseur, fondateur de l'abbaye de Fécamp et patron de la ville de Ham, par le P. Christophe Labbé. Paris, 1700. Réimpression de luxe ornée de gravures sur chine et tirée à 100 exemplaires. Fécamp, A. Marinier, 1873.

LA MÊME Edition populaire in-12, papier vélin, figures. Fécamp, A. Marinier.

ART DE RESTAURER LES TABLEAUX anciens et modernes, ainsi que les GRAVURES, avec 13 planches, par Ris Paquot, 1873, in-12.

HISTOIRE DES FAIENCES DE ROUEN, pour servir de guide aux collectionneurs, ouvrage orné de 60 planches mises en couleur sur fond teinté, par le même, grand in-4º.

HISTOIRE GÉNÉRALE DE LA FAIENCE ancienne, française et étrangère, considérée dans son histoire, sa nature, ses formes et sa décoration. 200 planches en couleur, 1.400 marques et monogrammes, 50 livraisons in-4º colombier, qui formeront deux magnifiques volumes.

24 livraisons sont déjà publiées.

L'EMBARRAS DU CHOIX, comédie-vaudeville, par L. Durand, in-8º, broché, sur papier vélin et vergé.

LA FERRIÈRE (le comte Hector de). LA NORMANDIE à l'étranger, documents inédits relatifs à l'histoire de Normandie, d'après les archives étrangères, XVIe et XVIIe siècles. *Paris, Aubry*, 1873. in-8.

    Papier vélin . . . . . 10 fr.
    id. Hollande . . . 15 fr.

LA FONTAINE. — CONTES. Réimpression de l'édition des *Fermiers généraux*; 2 vol. in-8, illustrés de 82 planches d'Eisen, de 53 culs de lampe, par Choffart; de 2 jolies compositions nouvelles; de 2 portraits de La Fontaine et de celui d'Eisen.

Magnifique réimpression de cet ouvrage si recherché et si coûteux de nos jours.

Papier verger, in-8 écu Broché, 80 fr.
Papier cavalier vergé . . . . . 120 fr.

NOTA. — Les personnes qui possèdent quelques livres de valeur dont elles voudraient se défaire, peuvent s'adresser, en toute confiance, à la librairie A. MARINIER. On se charge aussi de l'achat et de la vente des bibliothèques.

Fécamp. — Imp. de L. Durand

www.ingramcontent.com/pod-product-compliance
Lightning Source LLC
Chambersburg PA
CBHW071414150426
43191CB00008B/909